心一堂術數古籍珍本叢刊

書名：增補高島易斷（原版）附虛白廬藏日本古易占五種（七）
系列：心一堂術數古籍珍本叢刊　占筮類　第三輯　249
作者：【日本】高島呑象 等、【清】王治本中譯
主編、責任編輯：陳劍聰
心一堂術數古籍珍本叢刊編校小組：陳劍聰　素聞　鄒偉才　虛白盧主　丁鑫華

出版：心一堂有限公司
通訊地址：香港九龍旺角彌敦道六一〇號荷李活商業中心十八樓〇五—〇六室
深港讀者服務中心：中國深圳市羅湖區立新路六號羅湖商業大厦負一層〇〇八室
電話號碼：(852)9027-7110
網址：publish.sunyata.cc
電郵：sunyatabook@gmail.com
網店：http://book.sunyata.cc
淘寶店地址：https://sunyata.taobao.com
微店地址：https://weidian.com/s/1212826297
臉書：https://www.facebook.com/sunyatabook
讀者論壇：http://bbs.sunyata.cc/

版次：二零二一年五月初版
平裝：八冊不分售

定價：港幣　一仟六百八十元正
　　　新台幣　六仟九百八十元正

國際書號：ISBN 978-988-8583-91-1

香港發行：香港聯合書刊物流有限公司
地址：香港新界荃灣德士古道二二〇—二四八號荃灣工業中心十六樓
電話號碼：(852)2150-2100
傳真號碼：(852)2407-3062
電郵：info@suplogistics.com.hk
網址：http://www.suplogistics.com.hk

台灣發行：秀威資訊科技股份有限公司
地址：台灣台北市內湖區瑞光路七十六巷六十五號一樓
電話號碼：+886-2-2796-3638
傳真號碼：+886-2-2796-1377
網絡書店：www.bodbooks.com.tw
台灣秀威書店讀者服務中心：
地址：台灣台北市中山區松江路二〇九號一樓
電話號碼：+886-2-2518-0207
傳真號碼：+886-2-2518-0778
網絡書店：http://www.govbooks.com.tw

中國大陸發行　零售：深圳心一堂文化傳播有限公司
深圳地址：深圳市羅湖區立新路六號羅湖商業大厦負一層〇〇八室
電話號碼：(86)0755-82224934

心一堂微店二維碼

心一堂淘寶店二維碼

古易断古拔萃
全

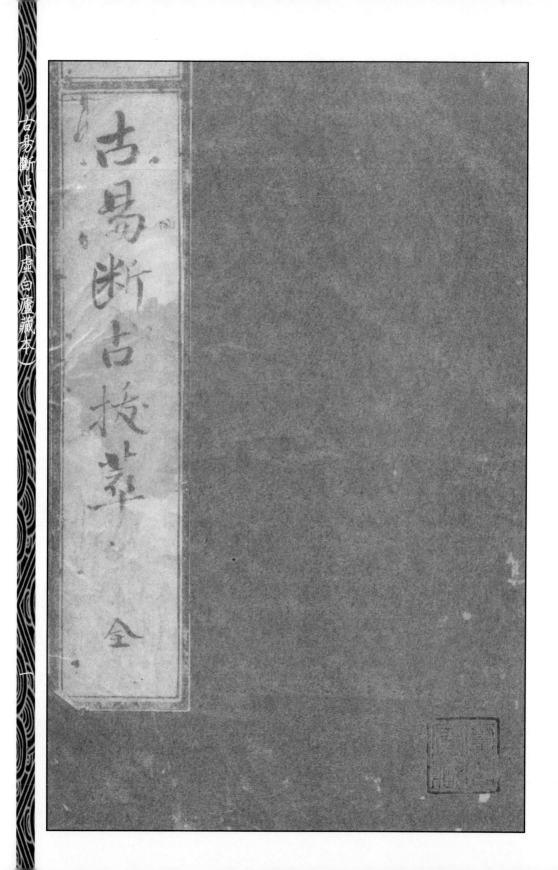

䷀ 乾為天 初丁	䷂ 水雷屯 四丁	䷄ 水天需 六丁	䷆ 地水師 九丁	䷈ 風天小畜 十一丁	䷊ 地天泰 十三丁
䷁ 坤為地 二丁	䷃ 山水蒙 五丁	䷅ 天水訟 八丁	䷇ 水地比 十丁	䷉ 天澤履 十二丁	䷋ 天地否 十四丁

䷌	天火同人	十五丁
䷎	地山謙	十七丁
䷐	澤雷隨	十九丁
䷒	地澤臨	廿丁
䷔	火雷噬嗑	廿二丁
䷖	山地剝	廿三丁
䷍	火天大有	十六丁
䷏	雷地豫	十八丁
䷑	山風蠱	十九丁
䷓	風地觀	廿一丁
䷕	山火賁	廿二丁
䷗	地雷復	廿四丁

○

䷘	天雷无妄	廿四丁
䷚	山雷頤	廿五丁
䷜	坎為水	廿六丁
䷞	澤山咸	廿七丁
䷠	天山遯	廿八丁
䷢	火地晉	廿九丁
䷙	山天大畜	廿五丁
䷛	澤風大過	廿六丁
䷝	離為火	廿七丁
䷟	雷風恒	廿八丁
䷡	雷天大壯	廿九丁
䷣	地火明夷	廿九丁

䷤	䷦	䷨	䷪	䷬	䷮
風火家人	水山蹇	山澤損	澤天夬	澤地萃	澤水困
卅丁	卅一丁	卅一丁	卅二丁	卅三丁	卅四丁
䷥	䷧	䷩	䷫	䷭	䷯
火澤睽	雷水解	風雷益	天風姤	地風升	水風井
卅丁	卅一丁	卅二丁	卅三丁	卅四丁	卅四丁

䷰ 澤火革 卌五丁

䷲ 震為雷 卌六丁

䷴ 風山漸 卌七丁

䷶ 雷火豐 卌八丁

䷸ 巽為風 卌九丁

䷺ 風水渙 五十丁

䷱ 火風鼎 卌六丁

䷳ 艮為山 卌七丁

䷵ 雷澤歸妹 卌七丁

䷷ 火山旅 卌八丁

䷹ 兌為澤 卌九丁

䷻ 水澤節 五十丁

䷼ 風澤中孚　四十一丁

䷽ 雷山小過　四十一丁

䷾ 水火既濟　四十三丁

䷿ 火水未濟　四十二丁

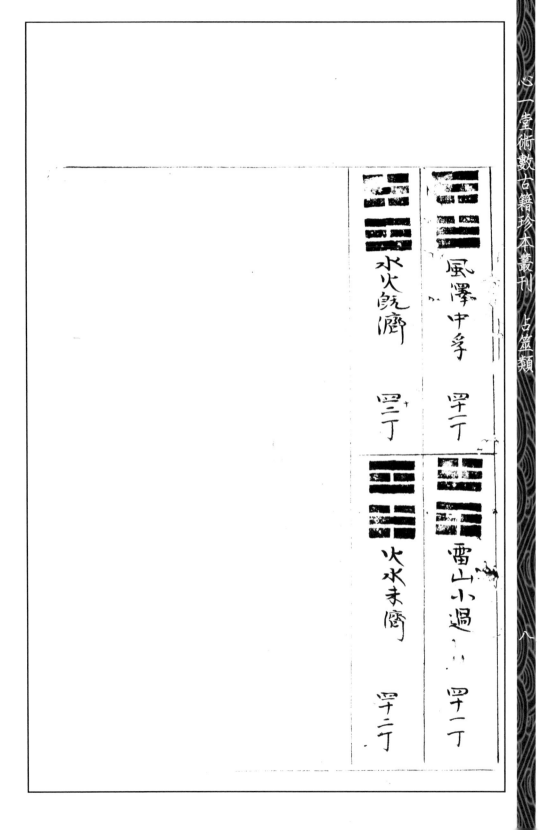

乾為天。

飛壬戌土

四月卦。

伏癸酉金

春吉 夏凶 秋平 冬吉

龍示ス变化ヲ之象

萬物資《トツテ》始ル之意

乾。元《ハジメテ》亨《トヲル》○利《ヨロシ》貞《タヾシキニ》○

占 君子ハ平。小人ハ凶。大抵常人並メ得ル此ニ者。

百事阻隔。憂苦綿々《ツヾキタヘズ》。住居不安寧《ヤスラカナラ》○有テ

祈求而不獲。猶射テ鳥ヲ喪《ウシナフカ》矢ヲ○欲《ユカント》之山ニ《クヤウケンチガイ》

而造《ツクル》舟ヲ○意外《ヲモヒヨラヌ》之禍。或ハ剱危《ケンナン》○或ハ盗患。或ハ

損財。或病難。或水火災。或淫慾《ヨク》。皆可恐
慎。○疑慮《キリヨ》多情。労而无功○凡事不義而
値《アフ》此。○災眚《サイセイ》継《ツグ》踵《クビス》○雖勢貴之人。不可
恃《タノミ》矜《ホコル》○履《フミ》月経年。稍《ヤヽ》衰漸《ヤウヤク》敗。○婚姻乎。
但不容《カラ》急速。○筮生産。自乾之他則安。
自他来此不安《カル》。○凡事自有而無。自無
而有之意。○旋恵於人。而不謀《カラ》其利。又有
大徳。而謀大義之類。後吉。○日日敬夜夜慎

入テハ孝出テハ弟。保ツレ終ヲ如クレ始ノ。可シ三以テ免ル二凶咎ヲ一也。

大要《ヲホムネ》庸人《ツネナミく》不レ足ラ三以テ當ルニレ之ニ一。

大槩占法如シレ此ノ。因テ二爻變ノ之位與一レ象ト。有リ二少シノ差別一。今不ニ盡ク釋カ一也。占者密察セヨ焉。餘卦放ヘレ此ニ。

初九。潛龍。勿レ用ル。

九二。見龍在リレ田ニ。利シレ見ルニ二大人ヲ一。

九三。君子終日乾乾。夕ヘニ惕若《オソルヽ》シ厲《アヤウキカ》。句无シレ咎トカ。

九四。或ハ躍《ヲトリ》リ在リレ淵ニ。无シレ咎カ。

九五。飛龍在リ天ニ。利シ見ルニ大人ヲ。　上九。亢龍。有リ悔ヒ。　用九。見《アラハシタル》ニ群龍无キヲ首ラ。吉。

世

子	世	癸酉金
妻		癸亥水
兄		癸丑土
官	応	乙卯木
父		乙巳火
兄		乙未土

坤為地

十月卦

飛 癸酉金　伏 壬戌土

春吉　夏凶　秋平　冬凶

含弘《ガンコウ》有ニ憂文《アヤ》之象　含弘《フクミヒロシ》

品物資《トツテ》生ル之意

坤。元《オツイニ》亨リ利《ヨロシ》ニ牝馬之貞ニ。君子有リ攸《トコロ》往《ユク》。先ニスレハ迷ヒ後ニスレハ得ル主ヲ。句　利シ西南ニ得朋《トモヲ》。東北ニ喪《ウシナフ》ニ朋ヲ。安貞ナレハ吉。喪去聲

占

和順而不矜《ホコラ》其功者得吉。百事吉兆。剛愎《イヂバリ》也。自用

戻氣《イヂワルキ》之人値《アフ》吉。百事凶吝。○爲人有功勞。

又可有損財。但非凶事。或有含後榮。

之意。○合衆力而爲事遂可成。○欲

速成者。一切无得。○引利欲而轉迷。

○婚姻平。但經年月而字《アザナス》。○胎孕《タイヨウ》安。臨

産遲。不可急《スミヤカニ》求。○病重凡沈痼難。

奏《ソウヒ》藥效○凡《ソ》放《テ》人倫正義之事《ニ》。筮《メ》遇《ヘハ》初
爻《ニ》。則含《ム》後吉《ヲ》○此卦大臣雖《モ》不《ト》凶《ナラ》而《モ》遅《々トメ》
不《ニ》決定《セ》

初六。履《フム》霜《ヲ》。堅《ギ》冰《リ》至《テン》。　六二。直方大。不《レ》習
无《シ》不《ト云フ》利《シカラ》。　六三。含《ム》章《ヲ》。可《シ》貞《シフス》。或《ハ》従《ハ》王事《ニ》。
无《モ》成《スコト》有《リ》終《リ》。　六四。括《クル》嚢《ヲ》。无《ク》咎《モ》无《シ》譽《ホマレモ》。
六五。黄《キノ》裳《モスソ》元吉　上六。龍戰《フ》于野《ニ》。其
血玄《ク》黄《ナリ》。　用六。利《シ》永《ク》貞《ナルニ》。

水雷屯

六月卦　飛 庚寅木　伏 戊辰土

春吉　夏凶　秋吉　冬平

乱動ニ水中之象　草《サウ》昧《マイ》《クラクミダル》不寧之意

屯。元ニ亨ル。利シ貞シチニ。勿レ用ル有ル攸ロ往ク。利シ建ルニ侯ヲ。

占 才徳出タル衆ヲ者得ハ之ヲ。為ニ後吉ト。有リ自高ステ。又輔助スル人ヲ。皆吉兆。○大抵常人ハ穏シ居ヲ改ム業ヲ。或ハ新タニ始ル事ヲ之類。歴テ年ヲ而後可シ成ル。正固シテ而宜シク待ツ時ノ至ルヲ。○凡ソ以テ緩慢ヲ而謀レハ向フ吉ニ。用テ智

巧ニシテ而急《カンスル》者ハ。必ス生シ悔ヲ招カン凶ヲ。○所ニ願ヒ求ル抱テ
多情ニシテ而難シ得。○日用細事ハ可シ成ル。○百事
紛々トシテ不通セ。與ニ父子兄弟ニ難ク近ツキ成ル。○妊身
有リ不ル安カラ之意。可シ慎ム起居飲食ヲ。過ハ五
箇月ヲ則平。○婚姻有テ妨ケ而遅滞ス。但後
吉。○病苦ニ二動カス則凶。
初九。磐桓タリ。利シ居ルニ貞ニ。利シ建テ侯ヲ。　六二。屯如タリ邅《テン》如
如タリ。乘テ馬ニ班如タリ。匪ス寇スルニ婚媾《コウ》セントナリ。女子貞ニシテ不字《アザナセ》

十年乃字。

六三。即鹿无虞。惟入于林中。君子幾不如舎。往吝。

幾音機　舎音捨

六四。乗馬班如。求婚媾。往吉。无不利。

九五。屯其膏。小貞吉。大貞凶。

上六。乗馬班如。泣血漣如。

丙寅木
丙子水
丙戌土
戊午火
戊辰土
戊寅木

父　官　子　兄　子　父

山水蒙

飛丙戌土
八月卦
伏配金

春凶　夏平　秋不利　冬口舌

巖険雲烟之象
生花未開之意

蒙。亨。匪我求童蒙。童蒙求我。初筮告。再三瀆。瀆則不告。利貞。

囙多情煩鬱《イロクキカヽリクラフウ》。難得所解。用智巧。益窮。○誠信篤実則發後吉。但只可以漸而成。急求不成。○家事日用《カナイシヨタイムキ》平。○凡事中途而淹滞《トヽマリトヽコヲル》。○婚姻難成。○胎孕平。○蓋初爻或三爻動則不安。但臨産須得之則為安。○病至沈重。○難治。煩相憂怖《ワツラハシクウレヘヲソル》。

无以感人心之意。而悃愊逐逐遺聞善人則
得極養助濟。○陰姤猜疑。凡不誠之徒。百
事凶。○可擇益友而交。不可妄與外誘起
禍害。

初六。發蒙。利用刑人。用說桎梏。以往吝。
九二。包《ハウ》蒙《モウナリ》吉。納婦吉。子克家。
六三。勿用取女。見金夫。不有《タモタ》躬《ミヲ》。无攸利。

六

六四。困《シム》蒙。吝。

六五。童蒙吉《ナリ》。

上九。擊《ウツ》蒙《シ》。不利《シカラ》為《スニ》寇《アダヲ》。利《シ》禦《フセクニ》寇《ヲ》。

妻	⚋	戊子水
兄	⚊	戊戌土
子	⚋ 世	戊申金
兄	⚊ 身	甲辰土
官	⚊	甲寅木
妻	⚊ 応	甲子水

水天需

飛戊午火　八月卦　伏癸丑土

春自知　夏口舌　秋平　冬半吉

密《ミツ》雲《ウンニメ》不雨《アメフラ》之象

雪中梅綻《ホコロブ》之意

需。有孚《ト》。光《ヲオイニ》亨《ト》。貞吉。利《シ》渉《ワタルニ》大川。

占 有所期望而皆阻滞。但正貞以久為事集。○老
人謀而忠則終吉而成○篤実守常淡泊
有信者○自然獲守家基幸慶也○百事利
以後斷急求不成而有禍小大皆然○居處
不安雖有利移居去郷之意○而即今不可
得移轉若遽動者則入凶可防争競《アラソヒクラ》
○與衆人俱謀為可○婚姻不成○胎
七 孕无恙生産遅産兒女則安男則帯

需○病。難治或長。

初九。需于郊。利用恒。无咎。

九二。需于沙。小有言。終吉。

九三。需于泥。致寇至。

六四。需于血。出自穴。

九五。需于酒食。貞吉。

上六。入于穴。有不速之客三人來。敬之終吉

戌土　子
申金　妻
午火　兄　世
午火　兄
辰土　子
寅木　父　応

天水訟

二月卦　飛壬午火　伏己酉金

春凶　夏平　秋吉　冬凶

天水違《タカヒ》行《ユク》之象　田《デン》獵無《シ》獲《エモノ》之意

訟。有《テ》孚窒《フサカル》。句惕《タツル》。句中《ナ》吉。終《ハ》凶。利《シ》見《ニ》大人《ヲ》。

不利《シカラ》渉《ルニ》大川《ヲ》。

占

事事乖離《クイリ》。物物忌故《キコ》《イヤカルアリ》。百端不可成《ル》。○鬱《ウツ》

陶《タウ》漶《モン》煩《ハン》之情。○君臣父子或《ハ》為有《ル》隙《シト》

可《シ》恐《ニ》慎。○疑留《ウタカヒタメラフ》多多。又有賊有妨《ゲ》。○

八

常人得此。將受讒失親。百事和順正誠。而可以免也。奸曲之徒得此。惡長身敗之時。○病可治。

初六。不永所事。小有言。終吉。

九二。不克訟。歸而逋。其邑人三百戶。无眚。

六三。食舊德。貞厲。終吉。或從王事。无成。

九四。不克訟。復即命。渝安貞。吉。

九五。訟元吉。

上九。或錫之鞶帶。終朝三褫之。朝音昭

地水師

飛戊午火　七月卦　伏己亥水

春平　夏凶　秋凶　冬吉

地勢臨湖之象　以寡《スクナキヲ》伏衆《スルタヽキヲ》之意

師。貞。丈人吉无咎。

㊀可防非意外患。○諸事難和調。利下用

親戚而謀上○有好色淫奔之禍○可防賊
難劍難○侮人能代者敗○剛戾之人○
日日招災眚○婚姻凶○胎孕不安○病
凶○可慎疾動○大人吉○小人凶○大凡由事
之公與私○而異利不利○斷者可有活眼○

初六○師出以律○否臧凶○否不古書通用
九二○在師中吉○无咎○王三錫命○
六三○師或輿尸凶○

六四。師左《シリゾク》次《ヤトリ》ニ。无シ咎。

六五。田《カリ》ニ有リ禽。利シ執言ニ。无シ咎。長子帥ヒ師ヲ。弟子輿《ス》尸《フスル》。貞凶。

上六。大君有リ命《タモフ》。開キ國ヲ承ク家ヲ。小人ハ勿レ用ル。

戊子水　戌土　申金　乙卯木　巳火　未土

妻　兄　子　官　父　兄

水地比

飛 乙卯木
七月卦
伏 甲辰土

春病　夏自知　秋吉　冬大利

衆星拱北之象
和樂無間之意

比。吉。原筮元永貞无咎。不寧方來。後夫凶。比者

〔占〕大抵諸占可得半而難成全功。○住居不安。或有親族之勞。但无大禍。○凡有所親和輔比。篤敬无怠則發後吉。○浮妄之人得之百事虛手而去。○事正則可急謀。疑二懶惰之人亦百事虛手。○凡就高貴老成而謀則得便宜。○可防損財。○凡有待信至。○婚姻成或遲。○胎孕母子俱爲氣

力薄弱。可ニ藥餌以養フ。○病危シ。或ハ長フン而難シ得全
快ヲ。○萬端无シ見ヽ災凶ヲ。而不ニ見ニ速功ヲ

初六。有テ孚ト比ス之ニ。无シ咎。有テ孚ト盈ツ缶オドギニ。終ニ来テ有リ它吉。

六二。比スルレ之ニ自リ内。貞吉。

六三。比スル之ニ匪人ニ。

六四。外カ比ス之ニ。貞吉。

九五。顯ス比ヲ。王用ユ三驅ヲ。失フ前禽ヲ。邑人不誡シメ。吉。

上六。比ス之ニ无シ首ヲ。凶。

十一

辛卯木　巳火　未土　甲辰土　寅木　子水

兄　子　妻　妻　兄　父

風天小畜　十一月卦

飛甲子水　伏辛丑土

春病　秋口舌　冬吉

朧風残月之象

相親《アツキノカセ》相疎《ウトンスル》之意

小畜。亨。密雲不雨《フラ》。自《リス》我西郊。

占

小事可通。大事有阻滯而難成。○占者貞正則

雖今羅《カルト》不亨。終可有親戚朋友之輔助。

○可防意外之禍。○旅行不利。中途而

可抱大患。○住居不寧。夫婦不和。○所思不

違セ。鬱《キムスボ》閟メ廢スルレ事ヲ的○小人之占。有リ下惑ニ利欲一

亂ル、女色ニ之意上。可レシ慎ム○百事可レ防ニ外誘一ヲ。

无メレ成ルコト有リレ敗○胎孕難レ育ニ○婚姻大凶○病。

漸次ニ向レフ衰ヘニ。

初九。復ルコト自レリス道。何ソレ其咎アラン。吉。

九二。牽レテ復ルノ吉。

九三。輿《クルマ》説《ヌク》レ輻《ヤ》ヲ。夫妻反《ソムク》レ目ヲ。説音脱

六四。有レリ孚。血去リ惕出ツ。无レシ咎。

九五。有孚攣如。富以其鄰。　攣通戀

上九。既雨《アメフリ》既處。尚德載婦。句　貞厲。句

月幾《チカシ》望。君子征凶。　幾居豈切

六親	卦	納甲
兄	▅▅▅▅	壬戌土
子	▅▅▅▅ 世	申金
父	▅▅▅▅	午火
兄	▅▅▅▅	丁丑土
官	▅▅▅▅	卯木
父	▅▅▅▅	巳火

天澤履

飛申壬金　三月卦　伏子丙水

春凶　夏平　秋凶　冬吉

尊卑分定之象

如履虎尾之意

履《フム》虎尾。不咥人。亨。

占人倫正道之事ハ為吉兆。雖然利斷次不利急迫。
○和平温厚則雖危而不見傷。暴強傲慢則有災
眚。○百事有憂患之意。住居不安恭順而不失其
守。无咎而吉。○雖有鬱愁不可以屈氣痛心。
已。和正則向于安。○凡外患禍可避。可慎自作
凶。○孕婦不安臨産乎。○病危急而復安。但重病ハ
難治。○女難色欲之礙。○婚姻似乎難得配偶
之宜。○百事之占。三爻動者ハ咎凶。

初九。素履往无咎。　九二。履道坦坦。幽人貞吉。

六三。眇《スガメ》能視。跛能履。履虎尾。咥人凶。武人

為于大君。　九四。履虎尾。愬愬終吉。　愬山責切

言素　九五。夬履。貞厲。　上九。視履。考

祥。其旋元吉。

癸酉金　亥水　丑土　甲辰土　寅木　子水

子　妻　兄　兄　官　妻

地天泰

正月卦

飛甲辰土　伏乙卯木

春吉　夏凶　秋凶　冬凶

麟《リン》角《カク》有肉《ニク》之象　雁至衡《カウ》陽《ヨウ》之邑

泰。小往大來。吉亨。

【占】常人得以百事无攸利已不義如蝮蛇持
身如履薄冰。念念自警則免將來含窮困
之意。○一切禁奢義可守儉約好華麗者。
好女色者値妖。災青色至。不可禦。○住處變
動之兆。凡家事不安寧和調。○有牝雞之禍
必戒。○婚姻平。但婿家不若女家者為好。○
生産吉。○病凶。○日用小事。義理正當事則通。
初九。拔茅茹。以其彙《タクヒ》。征吉。　九二。包

十四

包荒用馮河不遐遺《トホキヲワスレ》。朋亡得尚于中行。九三。无平不陂无往不復。艱貞无咎。勿恤其孚。于食有福。六四。翩翩不富以其鄰。不戒以孚。六五。帝乙歸妹以祉《サイハヒ》元吉。上六。城復于隍《カラホリニ》。勿用師自邑告命《カウメイス》貞吝。

壬戌土　父
壬申金　兄
壬午火　官
七
乙卯木　妻
乙巳火　官
乙未土　父

天地否

飛　乙卯木　春吉
七月卦　夏凶
伏　甲辰土　秋平
冬吉

月藏《カクレ》霧裏之象
寒鷺待春之意

否之匪人不利君子貞。大往小來。否　上聲　批

占 古者正実能守終。可成事。不利急○不正不義

而値天災人害立待隱姦陰賊之徒。蒙天

刑之兆○移轉居處。含後榮○日用即事之占。

多遲滯○婚姻。平。然難成○懷胎。平。三四爻動

則或不安○病長危。即病易治○可防争論。和

順父兄貴人則吉。勿拂人之性。

初六。拔茅茹。以其彙貞吉亨。

六二。包《アツテリ》承《ウク》。小人吉。大人否《ヲ》亨《ル》。　六三。包《アツテリ》羞《スム》。

九四。有《リ》命。无《シ》咎。疇《トモ》離祉《アリ》。　九五。休《スム》否《ヲ》大

人《ノ》吉。其《レ》亡《ヒン》其《レ》亡《ヒン》。繫《カル》于苞桑《ニ》。

上九。傾《ク》否《ヲ》先《ニハ》否《カリ》後《ニハ》喜《ブ》。

応

戌土		子
申金		妻
午火		兄
亥水	世	官
丑土		子
卯木		父

天火同人

飛 己亥水　正月卦　伏 戊午火

春大殺《ス》世《ヲ》　夏吉　秋大殺《ス》世《ヲ》　冬吉

闇夜《ニ》揚《ル》燈《ヲ》之象

管鮑分《ツ》金《ヲ》之意

同人于《テス》野《ニ》亨。利《シ》渉《ルニ》大川《ヲ》。利《シ》君子《ノ》貞《ニ》。

固百事吉兆。然爲己而已而謀求則有禍。事事公正而與人和同。百端吉利。○強情偏固受衆憎群怨而逮住家變亂。○无信誠者値災。如成而終不成。○婚姻可成。但女子不負。○病凶。胎孕无障。蓋占孕不孕則爲不胎。

初九。同人于門。无咎。

六二。同人于宗。吝。

九三。伏戎于莽。升其高陵。三歳不興。

九四。乘其墉。弗克攻。吉。

九五。同人。先號咷而後笑。大師克相遇。

上九。同人

于郊《テス》无《ニ》悔《シ》。

䷍
己巳火 官
未土 父
酉金 兄
甲辰土 父 世
寅木 妻
子水 子

火天大有

飛甲辰土 正月卦 伏乙卯木

春吉 夏平 秋凶 冬吉

穿窟《ツテ》開《ヲ》門之象 深谷發花之意

大有。元《ニ》亨《ル》。

固誠正則平。少《シク》不義則大凶。常人大抵不成事可慎《ム》

涇易妄進○損財憂患之兆。五及上爻《セバ》青災多《シ》。

○好色遊佚之禍。○婚姻貴人平。小人不利。女慢

懼。○病凶○小事可。○百事須有約信者可也。○妊孕

平。臨ㇾ産ハ遅シ。

初九。无ㇾ交ルㇾ害。匪ㇾ咎ニ。艱メバ則无ㇾ咎。

九二。大車ンス載。有ㇾ攸ㇾ往。无ㇾ咎。

九三。公用テ亨《タテマツル》于天子ニ。小人ハ弗ㇾ克ハ。

九四。匪《ハラヒ》其ㇾ彭ナリ。无ㇾ咎。

六五。厥ノ孚交如タリ。威如タレバ。吉。

上ノ九。自リ天祐《タスク》ㇾ之ヲ。吉ニメ无ㇾ不ト云利シカラ。

癸酉金　亥水　丑土　世

丙申金　午火　辰土

兄　子　父

兄　官　父

地山謙

九月卦

飛　癸亥水

伏　丁酉金

春平　夏吉　秋吉　冬吉

登テ山ニ平安之象

稱《カリテ》ㇾ物ヲ平ニ施《ホドコス》之意

謙。亨ル。君子有リ終。

固占者須直端正。其事出義皆可得吉也。若驕慢惰夫之徒筮而値此則凶兆可戒懼敬慎。○大抵占法先屈而後伸之意。可以通考。○凡自己求之望之則不成事。自然發來者吉。○求欲外飾者皆不利○溫良和正要以靜稱生幸福○剛愎性急則百事不利。○婚姻可成蓋或有男女俱耽淫之意。○胎孕无障但遅○病稍向劇如輕而重。

初六。謙謙君子。用涉大川吉。

六二。鳴謙貞吉。

九三。勞謙君子。有終吉。

六四。无不利。撝

謙。六五。不富以其鄰。利用侵伐。无不利。

上六。鳴謙。利用行師征邑國。

雷地豫

戌土　申金　午火　卯木　巳火　未土

妻　官　子　兄　子　妻

飛 未土　五月卦　春平　夏吉　秋吉　冬凶

伏 庚子水

雷出地奮《フルノ》之象　行止順時之意

豫。利建侯行師。

因卦本君民和楽之象。故國家大義正道之事ハ吉兆。常人平民之占否《シカラス》矣。不堅其所守則随于時弊。○住居如有吉事而无得。或不安寧。正直忠実之人ハ為吉兆。不義虚飾之人為凶兆。人有家產衰頹去郷里之憂。○自身守道可遠奸《サク》佞利口《クチカシコ》食言之徒。有迷妄《ヨハサレ》損財《ソンスル》。○一切可防逸遊之事。發青禍。○百事未定之時。當吉凶之交際。○有虛驚。○婚姻難成。恐難成。又有言爭《モノイヒ》。新婚不利。○胎孕不安。有尅《カラ》母之意。又有子胎中病之意。○病將長難治之病。○諸事守靜而不進。遲滯而後見其眞也

初六。鳴豫。凶。　六二。介于石。不終日。貞吉。　六三。盱《ミアゲテ》豫悔。遲有悔。

盱 肝
吁

九四。由《ヨッテ》豫。大有得。勿疑。朋盍簪《アフテアツマラン》。

六五貞《カタク》疾《ヤメリ》。恒不死。

上六冥《クラシ》豫成有渝《カハル》无咎。

澤雷隨

隨。元亨利貞无咎。

飛庚辰土　七月卦　伏辛酉金

春平　夏吉　秋凶　冬吉

乘馬逐《オフ》鹿之象

我動彼説之意

因萬事通亨之時。諸占爲成。但其事正則吉。如占者不正而値此則凶災之媒也。○可防不義之財。可愼邑慾之行。○婚姻可成。但可擇正耦。蓋有淫行不義之醜。

○胎孕平安○疾凶。雖淫病漸進。○此卦占法善惡倶

應和故事非正則勿與人酬酢○凡有被下中于納交機陷之意。可留神而慎

初九。官有渝貞吉。出門交有功。

六二。係小子失丈夫。

六三。係丈夫失小子。隨有求得利居貞。

九四。隨有獲貞凶。有孚在道以明何咎。

九五。孚于嘉吉。

上六。拘係之乃從維之。王用亨于西山。

巽宮木

䷑

兄　寅木
父　子水
妻　戌土
官　辛酉金
父　辛亥水
妻　辛丑土

山風蠱

正月卦

飛　酉辛金
伏　辰庚土

春平　夏吉　秋不利　冬凶

門内有賊之象　石上栽蓮之意

蠱。元亨利涉大川。先甲三日。後甲三日。

凶占者必有敗亂之事。如常人難手復脩之才其凶必矣。可懼謹。○凡有毀害不遠來而生於近。不入於外而發於內之憂。○可防女難。可慎爭訟之事。○凡所賴之人不可應。借金然諾《ウケアフ》終是不信。○婚姻。疾病。產婦。皆凶。但臨產蠱之母活子死。三動則兒生母死。○諸事壞窮後。蠱値收則可救成。又雖事之始。早慎急改之。則不壞而可治。

初六。幹父之蠱。有子考無咎。厲終吉。

九二。幹母之蠱。不可貞《カタクス》。

九三。幹父之

蠱小有悔無大咎。　六四。裕父之蠱往見吝。

六五。幹父之蠱用譽。　上九不事王侯高尚其事。

卦	爻	六親
䷒	癸酉金	子
	亥水	妻
	丑土	兄
	丁丑土	兄
	卯木	官
	巳火	父

地澤臨　十二月卦

飛卯丁木　伏巳乙火

春平　夏凶　秋凶　冬吉

黄花叢《ソウ》生之象　少女從母之意

臨元亨利貞至于八月有凶。

固徐徐《ユルユルト》温順以進則百事可成。若矜《ホコリ》才驕力陵人侮人者凶。借令始吉亦終招凶災。○其身好善者善類來助。持惡者惡類聚。吉凶自報。○非意發屯避之事。○可防争論。可慎女色。○住居不安。然已和正則得助而安身《リヨチツク》○篤実和正則有衆益祉福《モノハアツマルサイハイ》之兆。○婚姻平吉。
○胎孕安。可慎食物。○病長宜危。
初九。咸臨《カンシテ》貞吉。　九二。咸臨吉无不利。
六三。甘臨无攸利。既憂之无咎。　六四。至臨无咎。
六五。知臨大君之宜吉。　知陟離切　舊註考壱　上六。敦臨吉无咎。

風地觀
八月卦　飛辛未土　伏壬午火
春平　夏凶　秋吉　冬凶
風揚塵埃《アクル》之象
見草遇雨之意

觀。盥而不薦《スヽメ》。有孚顒若《ギヨウジヤク》。

廿壱

因常人值此。大抵如望遠山之花。諸事有所見而難
至所願者難得。但有才能者吉可致。又高德之人ハ吉
可得。常人可防外誘。恐招損財憂難之事。又住所
不寧《カラ》。有色欲之情。有非意之災眚。无德奢驕之人
自造坎阱自陷之意。可防拐兒詰訟謬詐人牽
纇之類。婚姻不宜《カラ》。胎孕恐有難。可溫補。病
難治或恠異。

初六。童觀。小人无咎。君子吝。

六二。闚觀。利女貞。

六三。觀我生進退。

六四。觀國之光。利用賓于王。

九五。觀我生。君子无咎。

上九。觀其生君子无咎。

火雷噬嗑　九月卦

乗巳……秋凶　伏己亥火　冬吉

頤《シトガヒノ》中有物之象

夫婦起閨之義

噬嗑。亨。利用獄。

凶大氐百事可成。然中間有障阻而可遅竭力而後志達○不可進不可退。践正道日用之事則可○可防争論。可慎女色○望事向下而望求則可成亦和順誠実有禍○雖事難而務勤无怠慢。終得其成○凡計謀奸曲者。必有大災○病占ハ為

爲凶○婚姻有妨又成亦夫妻難和○孕不安可愼
食物或新兒安則母不安之意。　初九。屨校滅
趾无咎。　六二。噬膚滅鼻无咎。　六三。噬腊
肉遇毒小吝无咎。腊息積切音昔　九四。噬乾胏得
金矢利艱貞吉。乾音干胏音子　六五。噬乾肉得黃金。
貞厲《アヤフメバ》无咎。　上九。何校滅耳凶　何下可切音荷。又去聲胡箇切義同。

䷕

官	━━━	丙寅木
妻	━ ━	子水
兄	━ ━ 應	戌土
妻	━━━	己亥水
兄	━ ━	己丑土
官	━━━ 世	己卯木

山火賁　飛卯己木　春平　門內競《キソフ》美《ビヲ》之象
十一月卦　夏凶
伏丙辰土　秋吉　冬平　明不及遠之意

賁。亨小利有攸往。　賁彼義切

占凡小事利。大事難成。但於忠信実義之事雖大可
成。於小人追時好《ハヤリコト》求奢靡之事則凶○学文藝
術吉○旅行吉。○或有化。是為非占反覆不和。慎可
防○婚姻可成。蓋有女不得遇情之意。○懐孕有
少難○病重危。
初九。賁其趾。舍車而徒。舍音
捨車古唯遊韻自漢以来始有居音。
六二。賁其須。
九三。賁如
濡如。永貞吉。
六四。賁如皤如。白馬翰如。匪寇婚媾。
皤音婆
六五。賁于丘園。束帛戔《セン》戔《センタリ》。吝終吉。

箋將巻　切音箋

上九。白賁。无咎。

丙寅木　子水　戌土　乙卯木　巳火　未土

妻　子　父　妻　官　父

山地剝

飛　丙子水　九月卦　伏　甲申金

春吉旺　夏平　秋凶　冬不利

鼠穿《ウカツ》倉廩《ソウリン》之象　去舊生新之意

剝。剝不利有攸往。

占　此卦去舊生新之時也。占者固而不妄動者。有後榮。

百事不可欲速。○常人有思慮不定猶豫《タメラウ》不決之意。可慎自謀自失。○可防女難盜患。○凡所

求者。蓋十ニシテ而得七八ヲ哉○但可防陰害弄口之妨

○婚姻不利○始孕不安臨産筮之則子安母

危○疾病凶○賊心修正者。被責被竄○醇謹馴

行者吉。禍心常悪者ハ大凶。

地雷復

十一月卦

飛 庚子水
伏 乙未土

春口舌　夏凶　秋吉　冬吉

掘地得瑶之象

破屋重修之意

復亨。出入無疾朋来無咎。反復其道七日来復。利有

攸往。

占者正則所為有成功。所行无阻礙。同類来助。所往得利。但以漸而後成之。欲速則不成。輕薄浮華之人値此而事不成。○有困窮已備而將向慶福之意。○雖往所不安。漸漸有幸。○婚姻吉。○胎孕平。○臨産得時則遲。○移居改事之類吉。○疾病可治。但可防再發。○諸事再三而後成。

外 壬戌土	⚊	妻
申金	⚊	官
午火	⚊ 世	子
内 庚辰土	⚋	妻
寅木	⚋	兄
子水	⚊ 応	父

天雷无妄

二月卦　飛壬午火　伏辛未土

春吉　夏平　秋凶　冬吉

雷逢暑震之象　石中蘊玉之意

无妄。元亨利貞。其匪正有眚。不利有攸往。

凶。常人百事不可成就。毫有不義不正之念。則災眚憂患。綿綿而來。可避虛誕《ウソツキ》輕率《カルハヅミ》之人。雖免其罪。被羅罪咎。將受意外之眚。私欲之願不成而被災。婚姻難成。怡孚平。可慎起居。○病。始危後安之意。得高醫。至和平。

丙寅木　子水　戌土　甲辰土　寅木　子水

官　妻　兄　　兄　官　妻

山天大畜

十二月卦

飛甲寅木　伏丙午火

春吉　夏凶　秋凶　冬平

金在巖《イハホ》中之象　淺水行舟之意

大畜。利貞。不家食吉。利渉大川。

占　賢能篤実之人ハ。則有爵禄幸慶之吉。常人不當。○
大抵有越險忍難而事通之意○頤望有妨。何事難通○
有陰人之障礙《サヘ》○剛情偏氣自招禍○住所不安久而後定○
可慎争論。凡以和順則免責○諸事矛楯《ウラハラ》違《タガヒ》忤之意
○腹肚充障。可遅○病人可治。但長手○初爻動則萬端凶。

兄　丙寅木
父　子水　身
妻　戌土　世
妻　庚辰土
兄　寅土
父　子木　应

山雷頤

飛　丙戌土
八月卦
伏　辛未土

春凶　夏平　秋吉　冬利

壯士《ソウシ》執劍之象　匣《カウ》中秋物之

頤。貞吉。觀頤自求口實。

占　大凡君子正事正義之策則吉。小人於義之事則有不慮

之災吉○常人之占。為合多情求多事。和和正則久而
後成。急則不達。○溪訓訟辨之類可慎。○可防女色及
利欲。○有或得親。或失親之意。百事不可輕動。諸
事和順則可調。但有反覆。○含思不發之意○
婚姻可成。然終有不和之意。○胎孕安○疾病難愈。

丁未土　丁酉金　丁亥水　辛酉金　辛亥水　辛丑土
身　世

妻　官　父　官　父　妻

澤風大過

飛丁亥水　春吉
二月卦　夏平
伏庚午火　秋凶　冬平
如常山之蛇《ジヤ》之象
走馬花街《ガイ》之意

大過。棟橈。利有攸往。亨。

屹嚴然《キツトシテ》有和氣《ムツクリ》。不失規矩者。雖遇風波而終可

以得免忽恤○懶僻《フシヤウヒガミ》貪黠《ワルカシコキ》者。或尸居《タヾイ》坐食《タヾクヒ》。凡无義

者值之。則不免家事翻覆《ヒツクリカヘル》憂患○大抵常人所謀方

底圓蓋《タニアハヌ》○可慎失行失言《シソコナヒイヒソコナヒ》。及妖玩《アヤシキアソビ》○朋合《クミアヒテ》有罵可○

婚姻不和不利○胎孕不安○病疾難治但即病治○盛極

將衰之時不可輕動。百事和正則利。

世

子孫戊子水　▅▅　▅▅　兄
戊戌土　▅▅▅▅▅　官
戊申金　▅▅　▅▅　父
戊午火　▅▅　▅▅　應　妻
戊辰土　▅▅▅▅▅　官
戊寅木　▅▅　▅▅　身　子

坎爲水

飛子戊木　春吉

十月卦　夏凶　秋凶

伏己巳火　冬吉

二人溺水之象

載寶破船意

習坎有孚維心亨行有尚。

四　百事不吉抱辛苦○住處不安憂患綿綿○有非常之禍須

懼慎而正誠堅固。○病難盗難損財之類。可防。○有実而窒有理而塞非理。多又覆阻障。○為婦女憂苦。○婚姻不吉。但老夫老婦可也。○病不治。難病怪異之症。○孕胎安。産後可慎補助。○此卦正道君子得之則反為謟和成事之卦。○人无故而出而不歸之意。

七

己巳火 兄
己未土 子
己酉金 妻
己亥水 官
己丑土 子
己卯木 父

離為火

飛己巳火　四月卦　伏戊子水

春凶　夏吉　秋疾病　冬不利

雉羅網中之象

秋葉飄風之意

離利貞亨。畜牝牛吉。

因有継續別離之兩義。是故有首而无尾之意。又有

廿七

先凶而後吉之意。大概見幾而轉事宜隨時宜。固執而不知變則百事不得遂○日用平事通和利達。永遠大事半途而破○文学發達之兆。凡才能之人亦吉兆○剛情智巧之徒不正不義之俗。可畏遇于罪咎○可防女難及口角○婚姻不宜○胎孕不安○病凶○凡事所依寄得親則昌榮之兆。百端利和覚

父	⚋ 應	丁未土	
兄	⚊	酉金	
子	⚊	亥水	
兄	⚊ 世	丙申金	
官	⚋	午火	
父	⚋	辰土	

澤山咸　正月卦

飛　丙申金　伏　丁丑土

春吉　夏平　秋凶　冬平

山澤通氣之象　鶯吟鳳舞之意

咸。亨。利貞。取女吉。取音娶

占　百事調成之兆。或自遠方有吉。○常事速達○所頼必可

得親和○移居之頼吉○旅行无障。但遠行或有不帰之
意○婚禮大吉。但初動則不久而離別或死別○病占凶。或
又有孕《ハラム》○胎孕安○可避奸侮色欲之人不正則淫禍多。

雷風恒

飛辛酉金　春吉
正月卦　夏凶
伏庚辰土　秋失才　冬平

並行相背之象
无咎《トガモ》无誉之意

恒。亨。无咎。利貞。利有攸往　恒胡登切

固謂慎篤行《リチギニアツクツトム》之人ハ吉。虚妄淫蕩《ウワツキカルハツミ》之人凶。百事皆然○
大抵小人昨日蜜《ミツ》。今日苦《ニガキ》。如飛手者。筮得此則凶禍
長産○誠実之人ハ宜秋事成。但大事ハ難成○凡ソ離別遅

變之意多シ。○住居不寧○婚姻可○胎孕平○病凶。或ハ藥誤。

又如ハ婦女ノ或有娠《ハラムヿ》○凡欲速《カニ》成ント者必半ニシテ而廢。失厚善之友ヲ。

戌土 申金 午火 丙申金 午火 辰土

父 兄 官 兄 官 父

世 應

天山遯

飛 丙午火　春吉　夏凶　貴人隱ルヽ山ニ之象

六月卦　秋平

伏 甲寅木　冬凶　鑿《キリテ》井ヲ无キ泉イヅル之意

遯。亨。小利貞。

占 常人之占。諸事難成。凡可防陰奸讒口○凡所望鳥去テ指スノ辰之意○百事反覆險阻之兆○損財○住居不安寧

○婚姻不利。○胎孕凶兆。如ハ臨産或无障○病長病ハ難治シ

○正人ハ則久ッテ而後吉兆○可防女難

庚戌土　庚申金　庚午火　甲辰土　甲寅木　甲子水
兄　子　父　兄　官　妻
世　応

雷天大壯

二月卦　飛庚午火　伏癸丑土
春凶　夏平　秋平　冬吉
猛虎《モウコ》生スル角ヲ之象
衣ヲ錦《キン》ヲ夜行之意

大壯。利ニ貞ニ。

因常人値ツ此ニ。大凡《スベテ》事不ニ和穏ナラ○有ニ強屈猛伏《ヲウジヤウブクノ》之憂。傲虐《ムリヒダウ》不理之難。○无キ和氣者。○必增《サン》ニ衆多之惡○遇ニ君父長者ノ之怒ニ○自過自失《ジシンヨリシソコナイ》○非意《ヲモヒヨラス》有ニ虛驚之事。○婚姻不利○胎孕不安　筮ハ胞《ハラムヤ》不否ヲ則不嬪《ハラマ》○病亡○諸端似テ吉ニ而空スル手ヲ之占也。

巳火 未土 酉金（世） 卯木 巳火 未土（応）

官 父 兄 妻 官 父

火地晋

飛配己金　春吉

二月卦　夏平　秋凶

伏壬午火　冬吉

満地錦繍之象

人登玉階之意

晉。康侯用《モッテ》錫《タマフ》馬《ヲ》蕃《ハン》庶《ショタリ》。晝日三《タビ》接《マジハル》。

郭京云・王弼舊本康作亨。

困於《テハ》蹈履《ミ》存《スル》義《ヲ》之人《ニ》。則得《テ》結好親愛《シ》而吉兆綿《ツヅク》々○

浮虚賣詐之人《ハ》。則猶《シ》夢《ニ》登《ルガ》玉階《ニ》也。○諸事有《リ》再興

復起之意○凡《ソ》待《ツ》物《ヲ》有《リ》便○婚姻吉○胚孕平○病凶○誠実忠

負之人《ハ》。百事所望《ム》可《キ》成《ル》之兆。

癸酉金 癸亥水 癸丑土（世） 己亥水 己丑土 己卯木（応）

父 兄 官 兄 官 子

地火明夷

飛癸丑土　春平

八月卦　夏凶　秋凶

伏戊申金　冬吉

囊《ノウ》中《フクロ》有物之象

雨後苔《コケ》色之意

明夷。利艱貞。

占和正而守則有後榮。庸人常事有傷爭損財之事。凡可防不慮意外《ヲモヒカケナキ》之禍害。○色情之傷。凡女難○婚姻難成。經年而後可成。○臨産則平○病危。瘡瘍之類亦危○於親戚之中將生禍。甚可慎云○百事宜晦知藏才。從時。

辛卯木　己巳火　未土　世　己亥水　丑土　卯木

兄　子　妻　父　妻　兄

風火家人

飛 己丑土　春吉

六月卦　夏凶

伏 辛亥水　秋平　冬凶

從窗見月之象

有氣無形之意

家人。利女貞。

占剛正而和氣者得此。百事成功。常人大抵平○偏固《カタクナ》狃黠《サルチエ》

三十

者ハ凶○矜《ホコリ》レ己ヲ用ル我ヲ者ハ諸端破毀ス利レ用ニレ人ヲ○日用小事无レ障リ○可レ避ニ嫉妬淫行ノ之女ヲ。又凡ツ可レ防ニ女難ヲ○須ク減シ少シ驕奢ヲ守ル中ニ儉約ヲ。有ニ後吉ー。否レハ則終リ亂ル○如キハ望カ大事ヲ則有ニ朝秦暮楚之ノ意○婚姻成○產安シ○病内傷虛損難レ治シ可レ慎ニ溺愛ヲ溺レテ邑ニ而失フレ時ヲ。

己火　未土　酉金　丑土　卯木　巳火
父　兄　子　兄　官　父

火澤睽

飛配金　春吉　桃李競ヒ發ク之象
二月卦　夏平　秋平
伏丙戌土　冬凶　方圓有用之意

睽。小事吉。

㊂有德高才ノ之人ハ則為レ吉ト。常人常事モ亦不レ凶ナラ。凡ツ和正

順義漸漸通利○可慎口角辨論○損財之意○可避
醜行《ミダルシキミノヲコナイ》淫奔之女○諸事有蔽塞邪佞之徒爲奇古
或所精疑《ウタガイ》○婚姻不吉○胎孕平○欲学文藝吉○

戊子水　戊土　申金　丙申金　午火　辰土

子　父　兄　兄　官　父

水山蹇

飛戊申金　春凶　夏自如　秋吉　冬疾病
八月卦
伏丁亥水

門前有陷之象　寒蟬《セミ》悲《カナシム》風之意

蹇○利西南○不利東北○利見大人○貞吉○

凶雖有苦勞憂困○而謹厚守正則天助之人救之○
得安寧○勿憂○生於憂患死於安樂○勿求急功○
有陷乎窮困○婚姻不成○胎孕有難又遅○病可

治○待物不到但船路有便○无信之人値此則多大凶。

庚戌土　申金　午火　戊午火　辰土　寅木

妻　官　子　子　妻　兄

世

雷水解　十二月卦　飛戊辰土　伏庚寅木

春平　夏吉　秋凶　冬不利

渉川未乾之象　雷雨緩散之意

解。利西南。无所往其来復吉。有攸往夙吉。解去聲音蟹。

固君子吉小人之占甚悠悠然无定○住所有憂動。但就新移居可○百事如成而難成又虫為而發愁○可防喪見之禍○婚姻不利○産安○病危但長病有可治之意○遠方通行利

丙寅木　子水　戌土　丁丑土　卯木　巳火

官　妻　兄　兄　官　父

世

山澤損　七月卦　飛丁丑土　伏丙申金

春平　夏吉　秋吉　冬平

貴賤正位之象　損益存亡之意

損。有孚。元吉。无咎。可貞。利有攸往。

㘝　百事吉兆。但虛偽侫奸之人得此多凶。又貧耗《ビンボウスル》之兆。患信則得善友學悃之人。又出身之兆。婚姻平。懷孕或不安。常日《フダン》可慎食物。病可治。損有餘益不足。驕佚慢仁益道德才藝占法可推之。

兄	⚊	卯木	辛
子	⚊　応	巳火	
妻	⚋	未土	
妻	⚋　世	辰土	庚
兄	⚋	寅木	
父	⚊	子水	

風雷益　七月卦

飛 庚辰土　伏 辛酉金

春凶　夏平　秋凶　冬平

風拂蘆花《アシノハナ》之象

耒耜《ライシ》利邦之意

益。利有攸往。利涉大川。

㘝　端人孚信之人吉。小人私欲之事凶。皆損貨破却之

兆○婚姻雖可成終有不利之意○病難治或重長

○胎孕不安寧○願望難成○家居不寧難得安身

○亢情慢己之徒值此諸事凶。東西如違去○惠人

愛人久要不忘則百事吉利。可開眼光。

丁未土　丁酉金　丁亥水　甲辰土　甲寅木　甲子水

兄　子　妻　兄　官　妻

澤天夬

三月卦　飛丁酉金　伏癸亥水　春平　夏吉　秋福德　冬凶

蛟《ミツチ》龍登天之象　羝《コヒツジ》羊觸藩之意

夬。揚于王庭。孚號有厲。告自邑。不利即戎。利有攸往。

注　夬音怪。號音豪。爻內並同。

凶憂苦綿綿。百事不安。將有損壞亡失之禍。○剛壯則有

不虞之災難○住居不安寧。又不幸之地○奸佞《ワルタクミ》機陥以令人疑惑。又女難○有喪貝。又書券《テカタノルイ》之禍○姤如吉而含後凶○婚姻及病人皆凶○臨産无障。豫筮臁胜

如何則不娟○凡事難成之占。无遠慮必有近災乎。

䷫

壬戌土 父　壬申金 兄　壬午火 官 応
辛酉金 兄　辛亥水 子 世　辛丑土 父

天風姤　五月卦

飛辛丑土　伏甲子水

春不利　夏疾病　秋吉　冬半凶

果有樹頭之象　鳳出逢鸞之意

姤。女壮。勿用取女。

取音娶。姤古文作遘。居候切音姤。馮椅曰。王洙易改為今文之説。誤也。唐歐陽石経亦已作姤也。王。宋人也。

占　凡以類誤事之意○有不意之讒。但善人則為吉兆。不

善人則為妖。可防婦邑淫禍。守自己之分而不可進

婚姻可成。但不利之。小事可。大事不可成。胎孕平。

病凶。如經久者有治。

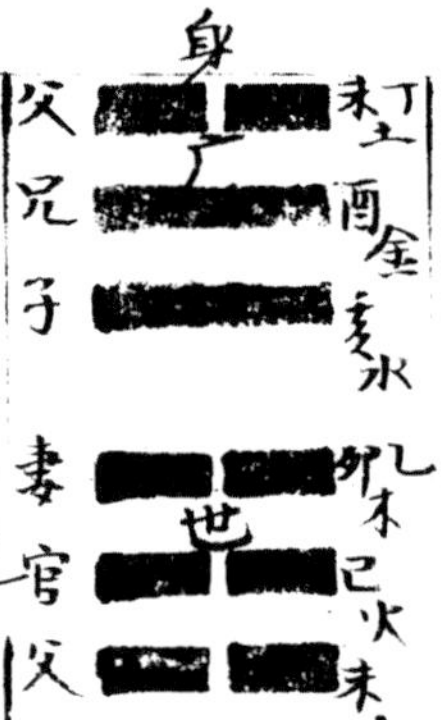

澤地萃

六月卦

飛巳乙火　伏卯丁木

春吉　夏口舌　秋平　冬平

鯉登龍門之象

妓歌衆唄之意

萃亨。王假有廟。利見大人。亨利貞。用大牲吉。利有攸往。

先儒曰。萃亨之亨行文。項安世曰。

獨王肅本有。王弼遂用其說。誤也。

因諸事可成。有思義謝恩之實者吉福。可慎爭論。

可防財貨之欲。不可變動住居。以誠與人交則結。

好又賑富之兆○凡奉祭祀之吉占○吝嗇貪欲之人值此恐有後之災害○婚姻及產婦平○病危重。

地風升

八月卦　飛癸丑土　伏庚午火　春吉　夏吉　秋平　冬平

癸酉金　癸亥水　癸丑土（世）　官　父　妻

辛酉金　辛亥水（才）　辛丑土　官　父　妻

橋上往来之象

三月有説之意

升昇通。古唯用升。詩如日之升。是也。

升。元亨。用見大人。勿恤。南征吉。

凶利漸後不利急迫○出世立身之兆○始遅滞後通達。但賣詐之人。後来發禍之意○住居不寧○淫浮妄忽則破○婚姻可成。但有數年後離別之意○懐孕平○病危○賴有善德和氣之人而得吉。

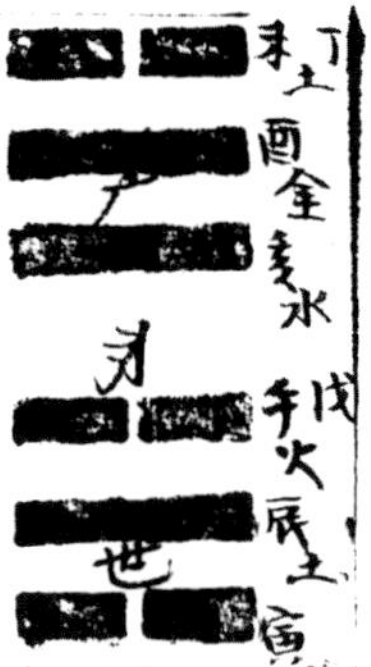

澤水困

飛戊寅水　春吉　夏凶
五月卦
伏丁己火　秋平　冬凶

鴉《カラス》啼ク二枯木一之象
澤中脱《タツスル》二湿《ウルホヒヲ》一之意

困。亨貞也。大人吉ニ无シ咎。有レ言リトモ不レ信セ。
朱震本无ニ无咎二字。
困多シ。勿ニ劳厄窮一。或ハ病難貧困。住居不ニ安寧一ナラ。雖レ然ト正
心堅固ナレハ。則有ニ他助一テ而漸々脱シ困ヲ。苦月々ニ可シ得ニ安
身一ヲ。正人勿レ憂フルコト。於ニ妍曲陰悪之徒一ニ則大凶。婚姻不利。
久而後可。胎孕始ハ難ク後ハ安シ。病久シテ而後治ス。當時即病危シ。

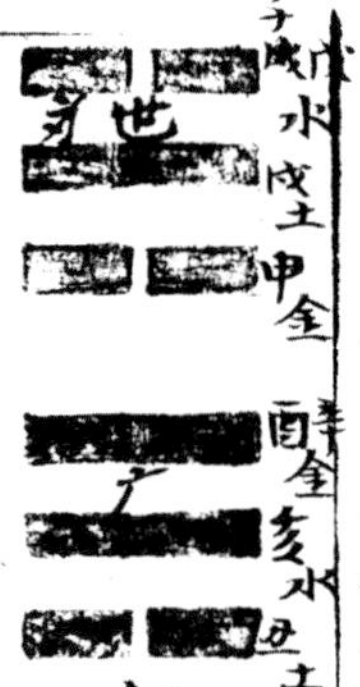

水風井

飛戊戌土　春凶　夏旲
三月卦　秋吉
伏庚申金　冬有氣

海人求《モトムル》レ魚ヲ之象
病夫行クレ市ニ之意

井。改邑不改井。无喪《ウシナフ》无得。往来井井。汔《ホトンド》至亦未繘《ツルベナハ》井。羸其瓶《ツルベ》。凶。

喪去聲。汔音肸。繘音聿。羸音雷。

占　日用小事通利。萬事與人共則吉○清操高明之人而其事亦正則吉可得。若黠《ワルコスヒ》不典《ブキヤウ》懶僻《ヘンクツ》之徒得之則漸次《シダイシダイ》可下。主百憂窮難而失所向○常守其分勿妄動○婚姻遲滞。但艱戚結婚者平○孕有難遅則安。○病暫治再發難得全快之意。

官　父　兄　兄　官　子

丁未土　酉金　亥水　己亥水　丑土　卯木

澤火革

二月卦

飛　丁亥水　春凶　夏平　秋凶　冬吉

伏　戊申金

腐艸螢火之象

賣金買物之意

革。已日《ヲハンヌル》乃孚。元亨利貞。悔亡。已、養里切

固正道善事。如日升向吉。發達之兆。占者不正不義之徒。則見盡惑於淫亂之醜婦。而日入冥月盛疑之兆。失學善《ムツマシキ》之友。住居不安。然立性有守者《コゝロサシサダマリアル》。爲去旧就新之吉。可防爭論。諸微少常事可也。如大事不可速求。半途而反覆。心志從無所守者値次。日日慕禍路而陷凶底。婚姻不利。胎孕乎。産後可愼。病當死生之間。經數日則得治。但久難治。

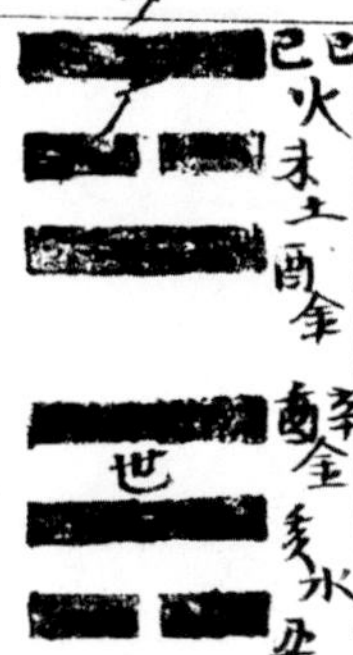

火風鼎

十二月卦　春口舌　夏凶　秋凶　冬吉

飛亥水　伏丑土

鼎鼐《テイダイ》調味之象　微服過家之意

鼎。元吉亨。

程朱乃諸家。吉字・衍文・

固操貞忠敬者有意表之吉祥。奸悪邪黠者受非意之禍凶。誠善之事ハ成就奏功。有労苦変換之事。日用正事ハ則吉。可和平。不可剛強。学問文書吉。婚姻凶。但結約納采者ハ吉。可往。臨産之占ハ安。有胎

又初二三月之占ハ凶。或ハ不姙。

震為雷　十月卦　二龍競《キソフ》珠之象

有聲無形之意

飛 庚戌土　伏 辛卯木

春旺　夏平　秋平　冬半吉

世

庚戌土	庚申金	午火	庚辰土	寅木	子水
妻	官	子	妻	兄	父

震亨。震來虩々。笑言啞々《アクアクタリ》。震驚百里。不喪《ウシナハ》匕鬯《チヤウ》。

虩與入聲。啞音厄。喪去聲。匕音比。匕从卜。世本作匕誤。匕乃古化字。鬯音暢。

占得素恭敬沈実則有吉祥。安慢食言。無定之徒得之則有凶災。善辱喪魂。寅心之憂患。○以小技瑣術售醜者及賣弄兒値之則凶吝。○凡不知自己才量之徒亡敗之兆。○可防争鬪及邑悠。○住所不安寧。又夫婦不和之兆。○昏姻不利。○胎孕不安。但臨産之時。然則平○病凶有始无終。不正則失厚《ネンコロ》友。

		世	
官	丙寅木	⚊	
妻	子水	⚋	
兄	戌土	⚋	
子	丙申金	⚊	應
父	午火	⚋	
兄	辰土	⚋	

艮為山

四月卦

飛 丙寅木　春凶　夏吉

伏 丁未土　秋凶　冬吉

山上鎖《トザス》關《セキヲ》之象

葛《カツ》蔂《ルイ》纏《マトフ》身之意

艮其背。不獲其身。行其庭。不見其人。无咎。

回篤敬有守之人。則斷吉之兆。凡事出於仁義者為後榮。○常人多有勞鬱憂屈之事。而難得和氣。但日用小事平。○小人狼戾者。百事傾敗。空手而去。○可防損財。難得貨貝。○可慎争訟。○婚姻遅滞○妊婦少難。出産遅。○病長而難得全快。

辛卯木　己巳火　未土　丙申金　午火　辰土
官　父　兄　子　父　兄
（世）

風山漸

飛丙申金　春吉　夏吉　秋吉　冬不利
正月卦
伏丁丑土

山中植《ウユル》木之象
千里一步之意

漸女歸吉。利貞。

因向吉祥之兆。利漸次。百事不可躐等而進。若有謬初一步。則差以千里。不可輕起。凡從而三動。則百事不成。住所雖不安而守常蹈順者。有喜而得安身。可防女難及損貨。常人必有色情之難。婚姻成。胎孕安。病凶。君子以誠事正者。百端通達。可遂所求。

（身）
庚戌土　申金　午火　丁丑土　卯木　己巳火
父　兄　官　父　妻　官
（世）

雷澤歸妹

飛丁丑土　春凶　夏吉　秋凶　冬亦凶
七月卦
伏丙申金

少女追男之象
顛倒《ヒツクリカヘリ》齟齬《クヒチガフ》之意

歸妹。征凶。无攸利。

〇如小事可。如大事即有障碍而反覆。凡思慮不決難終事。如思東而步西。〇可防不慮之禍災。及女色〇損貨〇不可近于巧言令色之徒。中美妻〇隨君父之命而行則可通。自家自用皆凶。咎〇失時過期〇胎孕平〇〇婚姻凶〇病凶。如疾病則不死不治〇而事遲滯而難成。

再三反覆之占。

戊戌土　庚申金　午火　己亥水　丑土　卯木

官　父　妻　兄　官　子

雷火豐

九月卦

飛　庚申金

伏　戊戌土

春吉　夏平　秋凶　冬平

俊隼《ハヤブサ》獲雉之象

殘花待雨之意

三八

豐。亨。王假之《オホヒニセヨ》。勿憂。宜日中。 俞琰曰。假字當依馬融作古雅反。大也。與孟子王請大之同。

断 常人多凶。有損貨又病難。或妻妾之憂。○有官府之疑咎。和正而可慎。○守儉約。可省華美。虛飾之人有災眚。○可防不慮之暴逆。○婚姻似吉而凶。○胎孕難有不安之意。終安。但產後可慎。○病凶

兄	▅▅▅	己巳火
子	▅ ▅ 応	未土
妻	▅▅▅	酉金
妻	▅▅▅	丙申金
兄	▅ ▅ 世	午火
子	▅ ▅	辰土

火山旅

五月卦

飛 丙辰土

伏 己卯水

春半吉 夏失財 秋凶 冬不利

日傾西山之象

見鳥失矢之意

旅。小亨。旅貞吉。

断 和順外好之人。必得他資《ホカノタスケ》而吉。奴僕鄙情之人。可招

禍〇居處不安有心中憂苦鬱々之意。又有親戚離別之昔

〇思念不快活虚妄《ウツツキ》棄才《スタリモノ》之徒。向貝耗《ヒシボウ》之路之時〇小事ハ

可也。小憂ハ利シ〇急促則難成事〇有才能者移居去國

而向榮之意〇婚姻不利。但高貴之人ハ可〇胎孕有必

難。然无障。產後可慎〇病凶。

世

辛卯木		兄
巳火		子
未土		妻
辛酉金		官
亥水		父
丑土		妻

巽為風

飛 辛卯木　四月卦　伏 庚戌土

春平　夏吉　秋凶　冬吉

飃風颶風覆《クツカヘス》船之象

枝折幹《ミキ》仆《タフルヽ》之意

巽。小亨。利有攸往。利見大人。

占 謙遜謹慎者雖颲《リヨ》颳《カツト》而不失小亨。傲慢輕忽者ハ雖敏

才ト凶○諸事順従乎正人則可成六七分。不可得十分快剛

情言花《クチバカリ》之人。百事凶○外誘俗事。淫破財之。又可防拐《カイ》兒《カタリモノ》

鼠《ソ》窃《セツ》○住居不平安。又心裏多事。不能決定。狐疑如酥

○勿妄動輕易○婚姻難成無後日之榮○胎孕臨産

无陽。頑益則不損○病難治○百事以一己之慮則有毀

世

丁未土　丁酉金　亥水　丁丑土　卯木　巳火

父　兄　子　父　妻　官

兌為澤　十月卦

飛丁未土　春吉　夏凶　秋吉　冬疾病

伏丙寅木

新月映池之象

有誉有譏之意

兌。亨利貞。

㊃和寛而堅実則百事調成之兆○可避便佞邪媚之人

勿見迷色欲无根《アトカタナキウソ》之言○可慎争《アラソヒ》辯悖《モトリ》忤《サカフ》之事○如常

人○則諸事有説破而難成○労而无功○又思慮无定見○

婚姻平○然有妨而破○或遅滞○胎孕安○病重而危○然

有可治之兆

身

辛卯木 父
巳火 兄 世
未土 子
戊午火 兄
辰土 子 应
寅木 父

風水渙

三月卦

飛 辛巳火　春平　夏吉

伏 己未土　秋利　冬凶

順風駕《カスル》帆之象

萍《ウキクサ》水相逢《アフ》之意

渙亨○王假有廟○利渉大川○利貞○

因 此卦以爲下通乎難通致乎難致受恵渇助

之兆○以爲犯險陷危以縁《モトヅク》福求助之意○○大

氏如庸人。住居不安。願事不一。心中无定基。可防非意之災害及損。○與人合志結親。利遠往。有両面両舌。途中遇禍。○婚姻可成。但不見吉兆。○胎孕臨時之疑无障。殃殺之不拋。○病可治之意。但由新久及其病而可一決。

戊子水	▬ ▬	兄
戊戌土	▬▬▬ 応	官
戊申金	▬ ▬	父
丁丑土	▬ ▬	官
丁卯木	▬▬▬ 世	子
丁巳火	▬▬▬	妻

水澤節　十一月卦

飛丁巳火　伏戊寅木

春吉　夏吉　秋凶　冬凶

孤渉泥中之象　作穽自隕之意

節。亨。苦節。不可貞。

【断】諸事多遲滯。但即事當用則可成○憂家業改住居之類不利。和正而從時宜則所望不空。如小事无障。
過偏固早窟者及自招凶災。過於己分之事皆損
凶之兆。不正不実之人值此百事凶吝。憂患不断。婚
姻平。但難成乎。胎孕有難。終无障。病重長

辛卯木	▅▅▅	官
巳火	▅▅▅ 世	父
未土	▅ ▅	兄
丁丑土	▅ ▅	兄
卯木	▅▅▅ 應	官
巳火	▅▅▅	父

風澤中孚

飛辛未土　春平
八月卦　夏平　秋吉
伏丙戌土　冬吉

鍋釜得蓋之象
鶴鳴子和之意

中孚豚魚吉。利渉大川。利貞。
固占者正誠而事亦義則吉也。邪奸利欲之事而值此則
大凶。大氐常人之占。難見吉福。或抱憂苦。有墓

四巻

人求物之意○可防甘言賣詐之人○如忠孝之事○則
漸次得快○死者忠孝之事則漸次凶○婚姻為吉然有虛談
而難成乎○或女子不負乎○胎孕安○病内傷虛損難治○
自他卦来吹則多可成之意○可以孝斷○又邪ニ邪善ニ善
有感通之義○

庚戌土　父
庚申金　兄
庚午火　官
丙申金　兄
丙午火　官
丙辰土　父

雷山小過

飛庚火　八月卦　伏丁亥水

春吉　夏吉　秋凶　冬平

飛鳥過山之象

門前有兵之意

小過亨利貞可小事不可大事飛鳥遺之音不宜
上宜下大吉○

占小事通用利。大事難成〇有遠方便宜〇諸事鬱情憂亡。又百勞而難得成功〇事有矛楯。又可防爭論〇住居不安〇狂慢放言之徒值此則凶吝〇可防讒言好惡之妨。發親友絶交之憂〇凡利和正不利剛驕〇婚姻大抵不乖剌或不和之兆〇胎孕平〇病可治〇可防虚妄之ヿ。

財　應

戊子水　兄
戊戌土　官
戊申金　父
己亥水　兄　世
己丑土　官
己卯木　子

水火既濟

飛己亥水　春平
正月卦　夏凶
伏戊午火　秋平　冬吉

芙蓉載霜之象
西施傾國之意

既濟。亨小。利貞。初吉。終亂。

兪琰梁寅曰。亨小當依朱子作小亨。今從。

占諸事蹶于平易。而忽焉生憂患矣。凡將發壞亂。

之兆。可防之慎之。不義暴悍之徒得此、則後来善辱死喪之類。凡為无喜○改物変事之類。无功无利○人離財散以往哀亡之兆○可慎女色。又有不義之好色意○可慎争論○可避虚詐《ウククワキ》陰悪《ソコイチワルイ》之人。中毒或飲持以亡者。可知恥矣○正直和気吉。則日用小事无障○婚姻可成。但難保後○始孕平○病凶。但大病経日之久者可有治方。

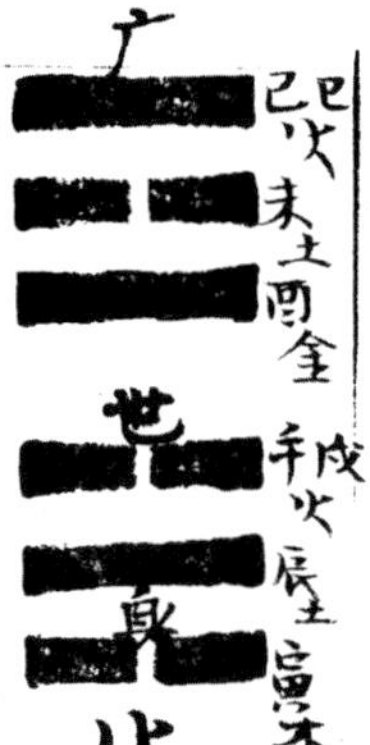

火水未済

七月卦

飛戊午火

伏己亥水

春平
夏平
秋自如
冬吉

曉光《アカツキノヒカリ》浮海之象
花落結実之意

未済。亨。小狐汔済、濡其尾。无攸利。

固始有思慮不決事不定之意。漸次成立。又自闇向明之時。得賴而結信。百事後榮○不利急進。利遲緩○可愼女色。可避巧言令美毒之人○婚姻可成。含後吉○胎孕平○病大氐不安。

䷖ 山地剝　初六。剝牀以足。蔑貞凶。六二。剝牀以辨。蔑貞凶。六三。剝之。无咎。六四。剝牀以膚。凶。六五。貫魚。以宮人寵。无不利。上九。碩果不食。君子得輿《ヨ》。小人剝廬《ロ》。

䷗ 地雷復　初九。不遠復。无祗悔。元吉。祗音支抵也　六二。休復吉。六三。頻復。厲无咎。六四。中行獨復。六五。敦復。无悔。上六。迷復凶。有災眚。用行師。終有大敗。以其國君凶。至于十年不克征。

九二輿說輹《トコシバリ》

䷘ 天雷无妄

初九无妄往吉。六二不耕穫不菑畬則利有攸往。六三无妄之災。或繫之牛。行人之得邑人之災。九四可貞无咎。九五无妄之疾。勿藥《クスリ》有喜。上九无妄行有眚。无攸利。

䷙ 山天大畜

初九有厲利已。巳音矣　九三良馬逐《オフ》利艱貞。曰閑輿衛利有攸往。六四童牛之牿元吉。牿音谷　六五豶豕之牙吉。豶音焚　上九何天之衢《チマタ》亨。何去聲與何校之何同

䷚ 山雷頤

初九舍爾靈龜觀我朶頤凶。舍音捨　六二顛頤拂經于丘頤征凶。六三拂《サカフ》頤貞凶十年勿

用ルコト无シ攸レ利。六四。顚頤吉。虎視眈眈。其欲逐逐。无咎

六五。拂經。居貞吉。不可渉大川。上九。由頤。厲吉。利渉大川。

䷛

澤風大過

初六。藉用白茅。无咎。九二。枯楊《カレヤナキ》生稊。老夫得其女妻。无不利。九三。棟橈。凶。九四。棟隆吉。有它吝。

九五。枯楊《カレヤナキ》生華。老婦得其士夫。无咎无譽。華音敷

䷜

坎爲水

初六。習坎。入于坎窞。凶。窞淡上去

九二。坎有險。求小得。六三。來之坎坎。險且枕。入于坎窞。勿用。

六四。樽酒簋貳。用缶。納約自牖。終无咎。九五。坎不盈。祗既平。无咎。

上六。繫用徽纆。寘于叢棘。三歲不得。凶。

䷝ 離為火

初九。履《フム》錯然《サクゼンタリ》敬之无咎。　六二。黄離元吉。

九三。日昃之離。不鼓缶而歌。則大耋之嗟。凶。　耋結反

九四。突如其来如。焚如。死如。棄如。　六五。出涕沱若。戚嗟若。吉。

上九。王用出征。有嘉折首。獲匪其醜。无咎。

䷞ 澤山咸

咸。亨。利貞。取女吉。　取音娶

初六。咸其拇《ヲヤユビニ》。

六二。咸其腓。凶。居吉。　腓音肥

九四。貞吉。悔亡。憧憧往来。朋従爾思。　憧昌容反。又音同

九五。咸其脢。无悔。　脢音牧。又音庅。王肅請。

上六。咸其輔頰舌。

䷟ 雷風恒

初六。浚《フカク》恒。貞凶。无攸利。　浚，旬潤反。

九二。悔亡。

九三。不恒其德。或承之羞。貞吝。

九四。田《カリ》无禽。

六五。恒其德。貞。婦人吉。夫子凶。

上六。振《フルフ》恒。凶。　困学記，作貞凶誤也。

䷠ 天山遯

初六。遯尾。厲。勿用有攸往。

六二。執之用黃牛之革。莫之勝說。　說音脫

九三。係遯。有疾厲。畜臣妾吉。　畜音旭

九四。好遯。君子吉。小人否。　好去聲　否音缶

九五。嘉遯。貞吉。

上九。肥遯。无不利。

䷡ 雷天大壯

初九。壯于趾。征凶。有孚。

九二。貞吉。

九三。小人ハ用ヒ壯《サウヲ》君子ハ用フ罔《バウヲ》貞《フスレバ》厲《アヤウシ》羝羊《テイヤウ》觸《フルヽ》藩《カキニ》羸《クルシム》其角《ツノヲ》。

九四。貞吉ニシテ悔亡フ。藩決《カキヒラケテ》不羸《クルシマ》壯《サカンナリ》于大輿《タイヨ》之輹《トコシバリニ》。

羝音低
羸音雷

六五。喪《ウシナフ》羊ヲ于易ニ无シ悔。

喪去声　易音亦

上六。羝羊觸《フルヽ》藩《カキニ》不能退。不能ハ遂《トグル》无シ攸《トコロ》利シキ艱《ナヤメバ》則吉。

火地晉

初六。晉如《スヽムゴトク》摧如《クダクルゴトク》貞吉。罔孚《マコトアルコト》裕ナレバ无咎。

六二。晉如《スヽムゴトク》愁如《ウレフルゴトク》貞吉。受《ウク》茲介福《コノオホイナルサイハヒヲ》于其王母ニ。

六三。衆允《マコトトス》。悔亡フ。

九四。晉如鼫鼠《セキソ》貞《フスレバ》厲《アヤウシ》。

鼫音石

六五。悔亡フ失得勿恤《ウレフルコト》往テ吉。无シ不利《シカラ》。

上九。晉ム其角ニ。維《コレ》用テ伐ツ邑ヲ厲《アヤウ》ケレドモ吉无シ咎。貞《カタクスレバ》吝。

地火明夷　初九明夷于飛。垂其翼。君子于行。三日不食。有攸往。主人有言　六二。明夷。夷于左股。用拯馬壯吉。九三明夷于南狩。得其大首。不可疾貞。六四。入于左腹。獲明夷之心。于出門庭。六五。箕子之明夷。利貞。上六。不明晦。初登于天。後入于地。

風火家人　初九閑有家。悔亡。六二。无攸遂。在中饋。貞吉。九三。家人嗃嗃。悔厲吉。婦子嘻嘻。終吝　嗃音喝

吝。六四。富家大吉。九五。王假有家。勿恤吉。上九。有孚威如。終吉。

䷥ 火澤睽　初九。悔亡。喪《ウシナフ》馬勿逐自復。見惡人无咎。

九二。遇主于巷。无咎。　六三。見輿曳《ヒカル》。其牛掣《ヒカル》。其人天《カミキラレ》且劓《ハナキラレ》。无初有終。

九四。睽孤。遇元夫。交孚。厲无咎。　六五。悔亡。厥宗噬膚。往何咎。

上九。睽孤。見豕負塗。載鬼一車。先張之弧。後說之弧。匪寇婚媾。往遇雨則吉。

䷦ 水山蹇　初六。往蹇來譽。　六二。王臣蹇蹇。匪躬之故。

六四。往蹇來連。　九五。大蹇朋來。　上六。往蹇來碩。吉。利見大人。

䷧ 雷水解　初九。无咎。　九二。田獲三狐。得黃矢。貞吉。

六三。負且乘。致寇至。貞吝。　九四。解而拇。朋至斯孚。
六五。君子維有解。吉。有孚于小人。　上六。公用射隼于高墉之上。獲之。无不利。

䷨

山澤損

初九。已事遄往。无咎。酌損之。　九二。利貞。征凶。弗損益之。　六三。三人行則損一人。一人行則得其友。　六四。損其疾。使遄有喜。无咎。　六五。或益之十朋之龜。弗克違。元吉。　上九。弗損益之。无咎。貞吉。利有攸往。得臣无家。

䷩

風雷益

初九。利用為大作。元吉。无咎。
六二。或益之十朋之龜。弗克違。永貞吉。王用享于帝吉。

六三益之用凶事无咎有孚中行告公用圭。　六四中行告公從利用為依遷國。　九五有孚惠心勿問元吉有孚惠我德。　上九莫益之或擊之立心勿恒凶

澤天夬　初九壯于前趾往不勝為咎。　九二惕號莫夜有戎勿恤。　九三壯于頄有凶君子夬夬獨行遇雨若濡有慍无咎　九四臀无膚其行次且牽羊悔亡聞言不信。　九五莧陸夬夬中行无咎。　上六无號終有凶。

天風姤　初六繫于金柅貞吉。有攸往見凶羸豕孚蹢躅　九二包有魚。无咎不利賓

九三臀无膚其行次且厲无大咎。九四包无魚起凶。

九五以杞包瓜含章有隕自天。上九姤其角吝无咎。

澤地萃

初六有孚不終乃亂乃萃若號一握為笑勿恤往无咎。六二引吉无咎孚乃利用禴。六三萃如嗟如无攸利往无咎小吝。九四大吉无咎。九五萃有位无咎匪孚元永貞悔亡。上六齎咨《セイシ》涕洟《テイイ》无咎。

地風升

初六允《マコトニ》升大吉。古易斷句如此 世俗大吉

九二孚乃利用禴无咎。九三升虛邑《キヨイフ》。六四王用亨于岐山吉无咎。六五貞吉升階。上六冥《クラフメ》升利于不息《ヤマ》之貞。

䷮ 澤水困　初六臀困于株木《チウボク》入于幽谷。三歲不覿。　九二困于酒食。朱紱《フツ》方來。利用亨祀。征凶。无咎。　六三。困于石。據于蒺蔾《シツリ》。入于其宮。不見其妻凶　九四來徐徐。困于金車。吝。有終。　九五劓《ハナキラレ》刖《アシキラレ》。困于赤紱《セキフツ》。乃徐有說。利用祭祀。　上六困于葛《カツ》藟于臲卼《ゲツコツ》。曰動悔。有悔。征吉。

䷯ 水風井　初六井泥不食。舊井无禽。　九二井谷射鮒。甕《モタイ》敝漏。　九三井渫不食。為我心惻。可用汲。王明。並受其福。　六四井甃。无咎。　九五井冽

寒泉食。　上六。井收《クミトリテ》勿幕《ヲホフ》有孚元吉

䷰ 澤火革　初九鞏《カタムルニ》用黄牛《ギウ》之革《カワヲ》　六二已日《シヌル》乃

革《アラタム》之征吉。无咎。　九三。征凶貞厲《アヤウシ》革言三就《ナル》有孚

九四悔亡有孚改命吉。　九五大人虎變未占有孚

上六。君子豹《ヘウ》變小人革《アラタム》面征凶。居貞吉。

䷱ 火風鼎　初六鼎《カナヘ》顛《サカサマニス》趾利出否得妾以其子无咎

九二鼎有実我仇《アタ》有疾不我能即吉　九三鼎耳

革《アラタマリ》其行《カウ》塞《フサガル》雉膏《キジノアブラ》不食方雨《アメフリテ》虧悔終吉　九四鼎折足

覆《コボス》公餗《コナガキヲ》其形渥凶　六五鼎黄耳金鉉《ツル》利貞

餗　カナヘノ実　コナガキ　ムシイヒワリ

上九。鼎玉鉉。大吉。无不利。

震為雷　初九震来虩々。後笑言啞々。吉

六二震来厲。億喪貝。躋于九陵。勿逐。七日得。

六三震蘇々。震行无眚。　九四震遂泥。　六五。

震往来厲。億无喪。有事。　上六震索々。視矍々。

征凶。震不于其躬。于其鄰。无咎。婚媾有言。

艮為山　初六艮其趾。无咎。利永貞。

六二艮其腓。不拯其随。其心不快。　九三艮其限。列

其夤。厲薫心。　六四艮其身。无咎。　六五艮

其輔《ツラ》言《コト》有序《ツイデ》悔亡　上九敦《アツシ》艮吉

䷴ 風山漸　初六鴻漸于干小子厲有言无咎

六二鴻漸于磐《バン》飲《イン》食衎衎《カンカン》吉　九三鴻漸于陸

夫征不復婦孕不育凶利　六四鴻漸于木或得其

桷无咎　九五鴻漸于陵婦三歳不孕終莫之勝吉

上九鴻漸于陸其羽可用為儀吉

䷵ 雷澤歸妹　初九歸妹以娣跛能履征吉

九二眇能視利幽人之貞　六三歸妹以須反歸

以娣　九四歸妹愆期遲歸有時　六五帝乙

歸妹《イモウトヲ》其君之袂《ソデハ》不如《シカ》其娣《テイノ》之袂良《ヨキニ》月幾《チカシ》望《モチニ》吉

上六女承《サヽゲテ》筐《カタミヲ》无実。士刲《サイテ》羊无血。无攸利。

䷶

雷火豐

初九遇其配主雖旬《ヒトシト》无咎。往有尚

六二豐《ヲホイニス》其蔀《シトミヲ》。日中見斗。往得疑疾《ヒガミヤマヒヲ》。有孚《マコト》發若《タリ》吉

九三豐《イニス》其沛《トバリヲ》。日中見沫。折其右肱《ヒヂヲ》。无咎

九四豐《イニス》其蔀。日中見斗。遇《アヘバ》其夷主吉。

六五來章。有慶《ケイ》譽《ヨ》。吉

上六豐其屋。蔀其家。闚《ウカヾヘバ》其戸闃《ゲキトシテ》其无人。三歲不覿。凶

䷷

火山旅

初六旅瑣々《サヽタリ》。斯其所取災

六二旅即《ツク》

次《ヤドリ》ニ懷《イダキ》其資《タカラ》ヲ得童僕ノ貞ヲ　九三旅焚《ヤキ》其次ヲ喪《ウシナフ》其童僕ノ貞厲《アヤウシ》。

九四旅于處《ココニオリ》得其資斧《フ》ヲ我カ心不快《ココロヨカラ》　六五射《イテ》雉《キジヲ》一

矢亡《カセス》終ニ以譽《ヨ》命《メイヲ》。　上九鳥焚《ヤク》其巢《スヲ》旅人先《サキ》ニ笑《ヱミ》後《ノチ》ニ號

咷《カウタフ》喪《ウシナフ》牛《ウシヲ》于易ニ凶

䷸

巽為風　初六進退ニ利武人之貞ニ。　九二巽在《イリテ》

牀下《ユカノモトニ》。用テ史巫紛若《フンジャクタレバ》吉ニテ无咎《トガ》　九三頻《シキリニ》巽《イル》吝《ヤサシ》　六四悔亡

亡田《カリ》ニ獲《ウ》三品ヲ　九五貞吉。悔亡无不利无初有終先

庚《カウニ》三日後庚《ラクルヽ》三日。吉　上九巽テ在リ牀下ニ喪《ナフ》其資斧ヲ貞凶

䷹

兌為澤　初九和《ヤハラギ》兌《ヨロコブ》吉　九二孚《マコト》兌吉ニテ悔亡

亡フ　六三。来ル兌フ凶。　九四商《ハカリテ》テ兌テ未タ寧《ヤスカラ》カラ。介ス疾有リ喜ヒ

九五孚ニ于剝ニ有リ厲《アヤウキ》　上六引テ兌フ

䷺

風水渙　初六用テ拯《スクフ》フ。馬壯《サカン》ナレハ吉　九二渙ニ奔《ハシル》ル其ノ机《ヨリカカル》ニ

悔亡フ　六三渙《チラス》ス其ノ躬《ミ》ヲ无シ悔。　六四渙《チラス》ス其ノ群《ムレ》ヲ元吉。渙《チラス》ス

有リ丘《アツマルコト》。匪ス夷《ツネノ》ノ所ニ思フ。　九五渙ス汗《アセノ如ク》其ノ大號ヲ。渙《チラス》ス王居《ヲリ》无シ

咎ヵ。　上九。渙《チラス》ス其ノ血ヲ。去リ逖《トヲク》ク出《イツ》ツ。无シ咎。

䷻

水澤節　初九不出テ戶庭ヲ无シ咎カ　九二不出テ

門庭ヲ凶　六三不レハ節セ若ク則嗟若タリ无シ咎　六四安ンス節ニ

亨ル　九五甘《アマンス》ンス節ニ吉。往テ有リ尚《タットブ》　上六苦《クルシム》ム節ニ

貞《フスレハ》凶。悔亡《フ》

䷼ 風澤中孚　初九虞《ハカレハ》吉。有《レハ》它《タ》不《ラ》燕《ヤスカラ》　它他同

九二鳴《ナル》鶴在《リ》陰《カケニ》。其子和《ス》之《ヲ》。我《レニ》有《リ》好爵《ヨキサカツキ》。吾與《ト》爾靡《トモニセン》之《ニ》。

六三得《テ》敵《ヲ》或《ハ》鼓《ウチ》或《ハ》罷《ヤメ》。或《ハ》泣《ナキ》或《ハ》歌《ウタフ》。

六四月幾《チカシ》望《ニ》。馬匹《タクヒ》亡《ウシナフ》。无《シ》咎《トカ》。九五有《テ》孚攣《レンジ》如《タリ》。无《シ》咎《トカ》

上九翰《カン》音《イン》登《ノボル》于天《ニ》。貞《カタクス》凶

䷽ 雷山小過　初六飛鳥《シ》以《テ》凶。六二過《スキテ》其祖《ソフ》。

遇《アフ》其妣《ヒニ》。不《ス》及《ハ》其君《ニ》。遇《フ》其臣《ニ》。无《シ》咎《カ》。九三弗《ス》過《キ》

防《フセク》之《ヲ》。從《テ》或《ハ》戕《ソコナフ》之《ヲ》。凶。九四无《シ》咎《カ》。弗《ス》過《キ》遇《フ》之《ニ》。

往《ケハ》厲《ウシ》。必《ス》戒《ム》勿《レ》用《ユル》永《ク》貞《セヨ》。　六五密《ミツ》雲《ウンニメ》不《レ》雨《フラ》。自《リス》我《カ》西郊《カウ》。公弋《イグルミ》取《ル》彼《ノ》在《ヲ》穴《ニ》。　上六弗《ス》遇《ハ》過《グ》之《ニ》。飛鳥離《ハナル》之《ヲ》。凶。是《ヲ》謂《フ》災《ト》眚《ト》。

䷾ 水火既済　初九曳《ヒク》其《ノ》輪《ワヲ》。濡《ウルホス》其尾《ヲ》。无《シ》咎《カ》。

六二婦喪《ウシナフ》其《ノ》茀《カザシヲ》。勿《レ》逐《フコト》。七日《ニシテ》得。　九三高宗伐《ウテ》鬼方《ヲ》。三年《ニシテ》克《ウテリ》之《ヲ》。小人《ハ》勿《レ》用。　六四繻《ウルホスニ》有《リ》衣袽《イジョ》。終《ノ》日戒《シム》　九五東鄰殺《コロス》牛《ヲ》不《ズ》如《シカ》西鄰之禴祭《ヤクサイ》実《ニ》受《クル》其福《サイハイヲ》。　上六濡《ホス》其首《ヲ》厲《ウシ》。

䷿ 火水未済　初六濡《ス》其尾《ヲ》吝

九二曳其輪貞吉

六三未濟征凶利渉大川

九四貞吉悔亡震用伐鬼方三年有賞于

大國

六五貞吉无悔君子之光有孚吉

上九有孚于飲酒无咎濡其首有孚失是

易學通解
上

井田龜學先生著 門人 栗原龜山 田井龜戴 校

易學通解

東京書肆 文玉圃藏

題易學通解首

井田生。易學通解成。附郵示余。請題言卷首。易道廣大。厭學豈容易哉。是此冊子。譯以國字。詹詹小言。備居家日用耳。然井田生。性敏易。蓋得其

廣大而撮要以著其書也讀者當嘗一臠而知全鼎云

寛政丙辰季秋

伏原侍從三位清原宣光題

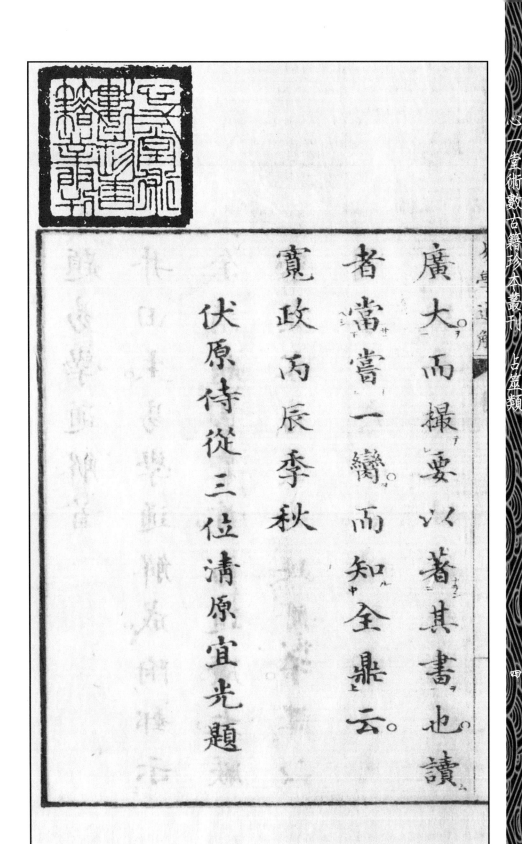

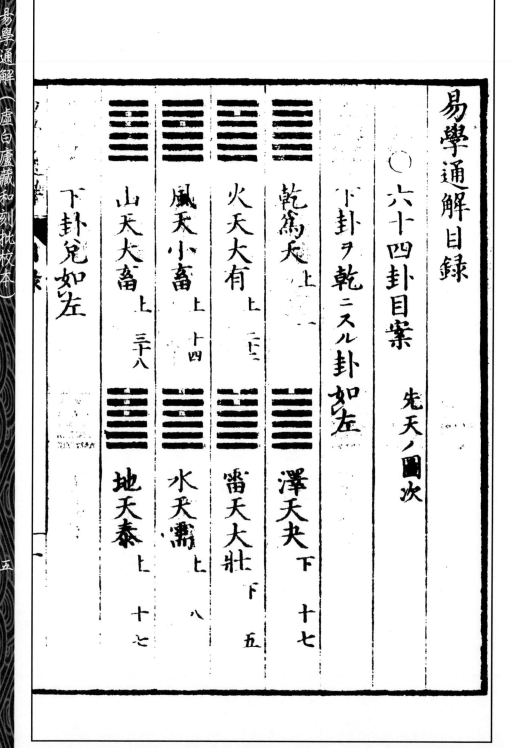

易學通解目録

○六十四卦目案　先天ノ圖次

下卦ヲ乾ニスル卦如左

下卦兌如左

天澤履　上　十六
兌爲澤　下　三十六

火澤睽　下　十
雷澤歸妹　下　二十二

風澤中孚　下　四十
水澤節　下　三十八

山澤損　下　十四
地澤臨　上　三十

下卦離如左

天火同人　上　二十一
澤火革　下　三十四

離爲火　上　四十三
雷火豐　下　三十二

風火家人　下　九
水火既濟　下　四十二

䷕ 山火賁 上 三十三

䷣ 地火明夷 下 八

下卦震如左

䷘ 天雷无妄 上 三十七

䷐ 澤雷隨 上 二十七

䷔ 火雷噬嗑 上 三十二

䷲ 震爲雷 下 二十七

䷩ 風雷益 下 十五

䷂ 水雷屯 上 五

䷚ 山雷頤 上 三十九

䷗ 地雷復 上 三十六

下卦巽如左

䷫ 天風姤 下 十八

䷛ 澤風大過 上 四十一

火風鼎　下　二十五

雷風恒　下　二

巽爲風　下　三十四

水風井　下　二十三

山風蠱　上　二十八

地風升　下　二十

下卦坎如左

天水訟　上　九

澤水困　下　二十一

火水未濟　下　四十四

雷水解　下　十三

風水渙　下　三十七

坎爲水　上　四十二

山水蒙　上　六

地水師　上　十一

下卦艮如左

天山遯 下 四

澤山咸 下 初

火山旅 下 三十三

雷山小過 下 四十二

風山漸 下 三十

水山蹇 下 十二

艮為山 下 二十八

地山謙 上 二十四

下卦坤如左

天地否 上 十九

澤地萃 下 十九

火地晉 下 六

雷地豫 上 二十六

目錄終

取筮《シルル》ノ傳

蓋《ケダシ》有《アル》事《コト》テ占《ウラナ》ハント思《オモ》フ時《トキ》ハ先《マ》ヅ雜《ザウ》念《ネン》ヲ除《ハラ》ヒ捨《ステ》テ身《シン》心《ジン》清《セウ》淨《ジヤウ》ニシ扨《サテ》伏《フク》羲《キ》禹《ウ》王文《ブン》王《ワウ》周公孔子ノ五聖並ニ朱子邵《セウ》子等《トウ》ノ賢《ケン》ヲ拜《ハイ》シ神酒《ミキ》ヲ獻ジ香ヲ燒キ筮竹五十本《ホン》ヲ一《ヒト》握《ニギ》リ捧持チ扨《サテ》己ガ姓名ヲ稱シ次ニ只今

占フ所ノ事ヲ人ニ説クガ如ク心ノ中チニ言ヒ盡シ此事吉
凶悔吝明カニ告ゲ玉ヘ假《コル》爾泰《タイ》筮《ゼイ》有常ト二度唱ヘ而後
筮竹ヲ分ツ了如レ左
筮竹ハ五十本也此内ヲ一本除《ダキ》去テ不用是ヲ太極ト云
殘リ四十九本ヲ左ノ手ニテ一束ニ握リ右ノ手ヲ添《ソヘ》捧ケ
持ツ了額《ヒタイ》ト均《ヒト》シ扱前ノ祝文等畢《ヲハ》リ無念無心ニメ中等《マンナカ》
ヨリ兩ニ分チ右ノ手ニ持タルヲ机上ニ置テ不數《カゾヘ》但シ此中ニ
ヨリ一本取リ來テ左ノ手ノ小指ノ間ニ挾ム是ヲ掛扐《ケロク》ト名

ヅク扱左ノ手ニ持所ノ筮竹ヲ右ノ手ニテ二本ヅヽ四度々々ト
數ヘ除テ零《アマル》所ノ數《カズ》ヲ以テ卦ヲ立ツヘシ尤掛扐モ數ニ加フ
右ノ如ク段々カゾヘ終一本アマル凡ハ乾《ケン》☰此卦ヲ立ツ
二本アマル凡ハ兌《ダ》☱三本アマル凡ハ離☲四本アマル凡ハ
震《シン》☳五本アマル凡ハ巽《ソン》☴六本アマル凡ハ坎《カン》☵七本アマ
ル凡ハ艮《ゴン》☶也如右除キツクシテ零《アマリ》ナク二本ヅヽ四ト一杯ニ
ナル凡ハ坤☷此卦ヲ立ツ是ヲ下卦トス扱又如此令一
返取リ其アタル卦ヲ上卦トス於是上下組合ヒ始テ

卦ノ名ヲ成ス六十四卦ノ内何レノ卦カ顯レスト云フナシ而後ニ變爻ヲ取ル其法モ始ノ如ク四十九本ヲ分チ掛扐ヲ挾ムヿ前ト同ジ揲數《カソヘ》ヤウハ二本ヅヽ三度々々トカゾヘ除テ其零《アマリ》一本ナレバ初爻變二本ナレバ二爻變ト段々下ヨリ上ヘ數ヘノボルナリ是モ二本ヅヽ三トツマリテ零《アマリ》トキトキハ上爻變ト可知是モ掛扐ヲカズニ加フ

爻ノ圖

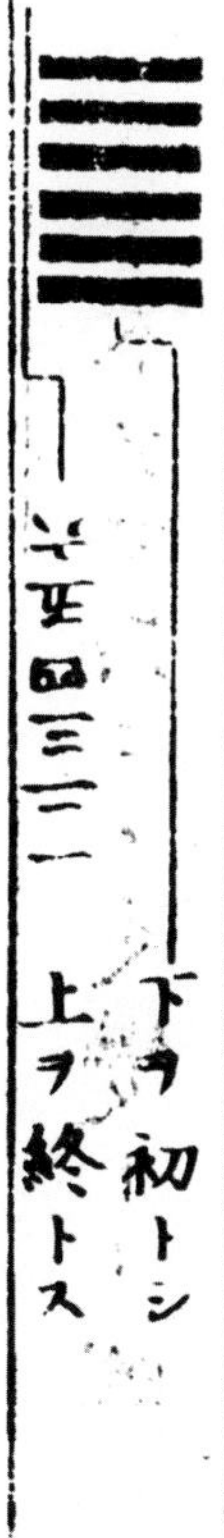

卦ヲ取タルトキタトヘバ初七本ナレバ艮ヲ下卦トシ揲ニ度

目ニ零ニ一本ナレバ兌ヲ上卦トメ是ヲ澤山咸ト云此變ヲ取ルトキタトヘバ三本アマレバ三ノ爻變ナリ圖如レ左

本卦澤山咸 ䷞ 三爻變

變卦澤地萃 ䷬ 之《ユク》卦トモ云

凡ソ本卦ノ陽爻ニ變アタレバ陰爻トナル陰爻ニアタレバ陽爻トナル初爻ヨリ終マデ六爻ニ通メ皆如レ是六十四卦各又如レ是

易法終

此卦ハ公家大名以上ノ貴人ニハ吉ナレ圧平人ニハ凶也其中ニ學者或ハ出家ナトニハ吉ヿ事
ト見ヿモアリ理義ヲ明ニ見合テ吉凶ヲ断ヘシ○萬事スヽムヿ凶退ニヨロシ○物事難義ナ
ル心アリ又道中ナトスル
ヿ凶也○住處辛苦
アリ或ハ住居ヲ離ルヿアリ
○損失アリ又盗難ヲ
防ヘシ○病難アリ慎ベシ
病人ヰ吉ハ凶ナリ○遺
失ハ一向出ヌ●胎孕ハ安カラ
ズ又未成胎○願望ハ
成就シガタシ金銀ナトニ
付テ苦労アリスベテ思フヿ
調ガタシ○仕儀アリテ
悔ヿアルベシ○物ヲ段々職
意アレハ人モトロク世話
苦労多シト知ベシ○婚

易學通解卷之上

平安　井田龜學先生　著

門人　栗原龜山　田井龜藏　校正

☰ 乾　乾爲天《スコヤカ》　龍示變化之象　老陽　春吉　夏凶　秋平　冬吉　萬物資始之意

乾者健《スコヤカ》也此卦ハ易中《エキチウ》至尊《シソン》ノ卦《クハ》ナリ且《カツ》六爻《カウ》ヲ龍《リヤウ》ニ象《カタドリ》悔吝《クワイリン》
異《コト》ナルモノハ時《トキ》ナリ賢君子ト雖《イヘ》圧其時ノ宜《ヨロシ》キニ隨《シタガ》テ進退《シンカイ》セザレ
ハ悔吝《クワイリン》アリ況《イハ》ンヤ今日利《リ》倍《バイ》ニ趨《ヲモムキ》ル俗人《ゾクジン》ヲヤ總《スベ》テ貴賤《キセン》ニ限《カギ》ラ
ズ其考《カンガフ》ル處《トコロ》ノ支實《ジジツ》ノ正ト不正ニ依《ヨリ》テ吉凶大ニ異也占者其

禮ハ半吉トス大抵平トモスレトモ媒ナトニ付テ妨アルヿアリ○物ノ始ト終リト兼《カネ》備《ソナヘ》タル氣味アリス又物ノ首トナル意モアリ○人ニ高振ニシマル丶ヿ有○此卦ハ當世ノ人ニハ利カラズ俗ニ云フ位負ノスル意ナリ

亊實ヲ詳《ツマビラカ》ニ可ㇾ正故ニ此卦ハ貞正堅固《テイセイケンコ》ニシテ其舊常《キウジヤウ》ヲ守ルニ宜シ不正不實ノ亊《コト》ニ此卦ヲ得《ウ》ルトキハ凶災《サイ》直《タヾ》チニ來ルト可ㇾ知故《ユヘ》ニ諸亊《シヨジ》性急《セイキウ》短慮《タンリヨ》ナルニ不ㇾ利靜《シヅ》カニシテ人ノ異見《イケン》ニ順《シタガフ》トキハ无咎《ナシトガ》又我意《ガイ》利口《リコウ》ヲ以テ計《ハカ》ルトキハ却《カヘツ》テ物ニ仕損《ソン》ジ後悔《コウクハイ》スルヿ有可ㇾ慎《ツヽシム》身ヲ高振《タカブリ》テ人ノ惡《ニクミ》ヲ請《ウク》ルノ意アリ或ハ貴ㇾ恩惠《オンケイ》有人之心ニ背違《ソムキタガヒ》テ別《ベツ》ニ亊ヲ起《ヲコ》サントスル意アレ𪜈不宜慎マサレハ後難《ナン》義《ギ》迷《メイ》惑スルヿアリ或ハ表向《オモテムキ》ヲ飾《カザリ》テ心中苦シキノ意有貴賤《キセン》ニ不ㇾ依《ヨラ》正不正ニテ大凶アリ

初姤　住所ヲ動カ婦女ノ為ニ憂苦アルベシ
二同人　貞正ナレバ親キ人ノ助情ヲ得ル
三履　妄ニ動トキハ大ニ驚苦損失アルベシ

四小畜　舊キヲ守ニ宜シ必物ニ不足アルベシ
五大有　實情ナレバ咎ナシ不正ナレバ大ニ凶
六夬　性急ナレバ破有カ惡説ヲ得ル慎ベシ

天時　晴ルナレトモ子酉ノ日ヨリ雨降ル
願望　事理不正ハ終ニ不叶其上損失アリ
待人　障有テ來タダシ辰戌ノ日信アリ

婚姻　秋冬ハ大低調フ物事速カナラズ
生産　初胎ハ男次ハ女辰巳戌ノ日産ス
得物　信心深キ人ハ宜シ不實ノ[illegible]ハ宜シ

疾病　夏冬ハ大ニ凶シ九死ニ一生トシルベシ
醫方　西北ノ間ヨリ老醫ヲ以テ治スベシ
失物　戌亥カ物ヲ積重ネタル處尋ヌベシ

變宅　事大ニシテ卻テ心配多シ見合スベシ
許訟　仲人ノ言葉ニ附ベシ強ドキハ凶
走人　佛神ノ邊ニ在ハ西北ノ間ヲ可見

旅行　利欲ノ旅ハ凶シ常ノ事ハ不苦
仕官　真正ナル人ハ宜シケレドモ障隔アリ
抱人　南[illegible]來[illegible]其余[illegible]北宜

賣買　夏冬ハ損失アリ靜ニ時ヲ待ベシ
高下　始ハ大ニ上ルベシナレドモ後ハ下落ス
夢　住處ヲ動カ[illegible]ノ愁ヒトニ逢ヘシ

此卦ハ地ノ徳ニシテ萬物ヲ生養スルノ理アリ故ニ人ノ事ニ世話苦勞アリト知ベシ○願望調ベシ然モ遲シ又人ヨリ妨ラルヽコトアルベシ○人ニ迷サルヽコトヲ慎ムベシ○婚禮養子其外相談ゴト次第〳〵ニ調フベシ急ニスレバ障タヽシ○胎孕《カイン》安シ○待人不來○病重シ治スルモ長シ○象ノ義アリテ力トナル人ヲ得ルトス

䷁

坤為地　含弘《シメガフ》有斐之象　老陰　萬物生載
品物資生之意　君倡臣和

坤者順《ジユン》也此卦ハ極陰《ゴクイン》ニシテ萬物ノ母トシ地トス博《ハク》《ヒロク》厚《コウ》無疆《カギリナシ》ニシテ天陽ノ施《ホドコシ》ヲ受《ウケ》得テ萬物載《ノセ》テ生養《セイヤウ》スルノ義ナリ陰ハ陽ニ先《サキ》達《タツ》ニ凶ク後《オクレ》順《シタガ》フヲ以テ吉トス故ニ君子有攸往先迷後得主利西南得朋東北喪朋安貞吉《ナリ》ト云ヘリ西南ハ坤ノ方位《ハウヰ》ニシテ平易《ヘイ》《タヒラカナル》ノ地ナリ則チ坤陰ノ一體《タイ》ナレバ其朋類《ホウルイ》《トモタグヒ》ヲ得ベシ東北ハ坤ノ平地ニ反シ艮《ゴン》山《ザン》ノ嶮岨《ケンソ》ナル處ナレバ陰ヲ以テ陽ノ嶮岨ノ地ニ往《ユク》トキ

ハ蹇《ツマヅ》キ難《ナヤム》ヲ以テ喪朋ニ取リ又艮山ノ陽地ナレバ陰ノ朋《ホウ》類《ルイ》ナク且《カツ》其陰ヲ可レ助《タスク》ノモノナシ依テ其獨《ヒト》陰ヲ以テ進《スヽム》トキハ迷《マヨ》フ迷フトキハ悔《クハイ》患《クハン》有ベシ坤ハ其行フ處剛《ガウ》健《ケン》發《ハツ》動《ドウ》スル事能ハズ乾陽ノ施ヲ受得テ萬物載テ生養スルノ義ナリ故ニ順《ジユン》靜《セー》直《チヨク》方《ハウ》ヲ守テ其事ニ不レ絶《タヘ》物ニ後《ヲク》レテ而《シカ》モ其功ヲ積成ス事ハ陰ノ持《モチ》前《マヘ》ナリ其持前自《シ》然《ゼン》ノ道《ダウ》理《リ》ヲ守テ心《シン》身《シン》靜《シヅ》カナレバ无爲《イ》ニシテ常《ツネ》ニ事《コト》安《ヤス》カルベシ貞《テイ》ハ其持前ノ道理ニ

背《ソム》カズ何處《ドコ》マデモ堅固《ケンゴ》ニ其常《ツネ》トスル處ヲ慎《ツヽシ》ミ守《マモル》ヲ貞トス貞ナルトキハ吉ナル事ハ理ノ常ナリ故ニ坤ヲ人ニ取《トリ》テハ婦《フ》トシ臣《シン》トス何《イツ》レモ皆《ミナ》坤ハ柔順《ジウジユン》ニシテ乾陽《ケンヨウ》ニ順從《ジユンジユウ》可《キ》爲《ス》ノ道《ミチ》ヲ示《テ》セリ以テ牝《ヒン》馬之利《リ》貞ト云ヘリ故ニ此卦《ケ》ハ諸事《シヨジ》人《ヒト》ト相和順《アイクワジユン》ナルニ宜《ヨロ》シ剛慢《ゴウマン》《ツヨクタカブリ》ニシテ衆《シウ》ノ異見《イケン》ニ違《タガ》フトキハ大ニ凶悔《キヤウクワイ》有ヘシ自己《ジコ》ノ一了簡《イチリヤウケン》ヲ以テ我意《ガイ》利口《リコウ》ヲ先トスルトキハ損失《ソンシツ》迷悔《メイクワイ》アラン慎ムヘシ僞實《キヨジツ》《イツハリマコト》邪正《ジヤセイ》《ヨコシマタヾシキ》ヲ正《タヾ》シテ

宜《ヨロ》ク人ノ後《シリヘ》ニ従《シタガ》フトキハ事順ニシテ平和ナルベシ親子《オヤコ》兄弟《キヤウダイ》或《アルヒ》ハ余義《ギ》ナキ人ノ為《タメ》ニ損失心配アルベシ何事ニ依《ヨ》ラズ其的《マト》トナル處ヲ捨《ステ》テ常《ツネ》トスル處ヲ守テ事ノ静カナルニ利シ又住處《ヂウシヨ》ニ辛労《シンラウ》有テ他ニ動《ウゴ》カントスルカ或ハ別《ベツ》ニ事ヲ起《オコ》サントスルノ望アレドモ必ズ止《トヾマ》ルニ宜シ強《シヒ》テ事ヲ計《ハカ》ルトキハ大ニ驚動《キヤウドウ》破敗《ハイ》アルベシ物ノ始《ハジメ》ハ間違《マチカヒ》障《サハリ》アレドモ貞正《テイセイ》ナル人ハ久シフシテ後終《ツイ》ニ貴上《キシヤウ》助施《ジヨシ》ヲ得ベシ又不《フ》根

甚《キ》ニシテ事ヲ廢《ステル》スル人ハ次第《シダイ》ニ衰敗《スイハイ》スルノ意《イ》アリ深《フカ》ク愼《ツツシ》ムベシ一ツ適《カレ》テ又一ツ世話《セワ》ノカヽル意アリ西南《ヒツジサル》ノ人或ハ老女《ラウヂヨ》隱《イン》者《ジヤ》ノ類《ルイ》ヲ以テ事ヲ取計《トリハカ》ルトキハ其宜《ヨロシ》キヲ得《ウ》ベシ

初復　貞正ナレバ終ニ其志ヲ得ベシ	二師　住處ヲ動カ内證ニ根怒ノ意アリ	三謙　永久ニ事ヲ可待終ニ宜シ急クニ凶
四豫　信心深ハ時ヲ得ル不實ナレハ凶	五比　北カ未申ノ間ノ人ヲ以テ大ニ幸アリ	六剥　不正ナレハ次第ニ困苦痛心アルベシ
天時　曇リテ終ニ雨降ルトモ寅卯ノ日晴ル	願望　性急ナレハ勢ニシテ功ナシ靜ナルニ宜シ	待人　來ラズ卯未申ノ日音信有ベシ
婚姻　急ニナキハ破ル夏秋ハ人ヲ調フヘシ	生產　秋四ノ變ハ忽ニ產ハ男ナルベシ	得物　春冬ハ得ガタシ長袖婦人ヲ頼ベシ

此卦ハ草ノ始テ生シテ未伸ノ意ニテ萬事ニ付キ其兆ハ有レドモ相談コトノ類雨シマリナキ意アリ〇雷ノ水中ニ住ノ象アル卦ナレハ其住處未安ノ時

疾病　長引ベシ三六ノ變ハ死ナラン	醫方　未申ノ間カ土ヘンノ付醫ヲ頼ムベシ	失物　急ニ出カタシ東カ西南ノ間ヲ尋ベシ
變宅　春冬ハ動ニ不利此家大ニ心配ヲ上ル	訴訟　理ニ募ルトキハ大ニ破レヲ取ル	走者　女ノ手筋ヲ尋ヌベシ遠方ナラズ
旅行　夏秋ハ苦カラズ許ハ變ハ止ルベシ	仕官　靜ナレバ調フベシ出家婦人ヲ頼ムベシ	抱人　廿寅ヨリ來ルハ凶外ハ大抵宜シ
賣買　人ノ異見ニ順ノベシ我意ヲ出セハ大ニ損ス	高下　始下リテ後次第ニ上ルナレドモ急ナラス	夢　家内ニ心配有ヘシ煩フカ損失アラン

䷂

水雷屯ナヤミ　龍動水中之象　草昧不寧之意　難也屈也聚也

屯《チユン》者難《ナヤム》也此卦ハ物ノ始《ハジメ》テ生シ困《コン》屈《クツ》シテ未《イマダ》暢《ノビ》ノ象《カタチ》坎《カン》ヲ水トシ震《シン》ヲ草《クサ》トス則チ屯《チユン》ハ水中ニ草ノ芽ヲ出サントスルニ一物《モツ》上《カミ》ニ在テ阻《ソ》覆《フク》ス依《ヨツ》テ屈《クツ》伸《シン》自由ナ

トス故ニ人モ住居ニ付テナヤミ有ト知ベシ○大河ニ臨テ渡トスルノ意ニシテ危ク安カラヌ時節ナレハ難アリト知ベシ○水難トス故ニ旅立遠行慎ベシ○金銀等ニ付テナヤミ有○天運イマダ盛ナラス物コト遠ニ進ト利シカラス○漸々ニ物ノアツマル義アリ末ニハ吉ヲ得ヘシトモ見ル也○婚姻吉兆トスル亊アレトモ変ニ因テ一概ニ吉ト定メカタシ大抵遅滞スヘシ○胎孕不安○病アヤウシ二ノ爻三爻変スル時ハ凶ナリ

ラズ又震ノ剛《ガウ》ナルモノ進《スヽミ》動《ウゴカ》ントスルニ坎《カン》険《ケン》前ニ在《アリ》テ其行事不速《スミヤカナラ》故ニ屈《クツ》屯《チユン》シテ其伸《シン》進ノ時《トキ》ヲ待《マツ》ノ義ナリ屯《チユン》難屈《クツ》迫《ハク》ノ時《トキ》動《ウゴカ》ハ必《カナラズ》災《サイ》患《クワン》敗《ハイ》失《シツ》有ベシ故ニ此卦ハ急《キウ》速《ソク》ナル事ヲ可慎《ツヽシム》総《スベ》テ器《キ》量《リヤウ》發《ハツ》才《サイ》ヲ不出舊《キウ》常《ジヤウ》ヲ守《マモリ》テ静《シヅカ》ニ時《ジ》節《セツ》ヲ見《ミ》合《アハ》スベシ剛《ガウ》情《ジヤウ》不《フ》明《メイ》ナレバ事《コト》半《ナカバ》ニシテ破《ヤブレ》アラン可慎《ツヽシム》諸《シヨ》事《ジ》進《スヽ》ムニ不利退《シリゾ》キ止《トヾマツ》テ其久《ヒサ》シキニ不屈《クツセ》バ後《ノチ》次第《ダイ》ニ物《モノ》ノ通《ツウ》達《ダツ》慶《ケイ》栄《エイ》有ベシ又仕《シ》處《シヨ》ニ損《ソン》失《シツ》憂《ユウ》苦《ク》有テ常《ツネ》ニ物《モノ》ノ不《フ》安《アン》心《シン》ナル意《イ》アリ物

待人遅シ○遺失ハ在レドモ尋ネガタシ處ノ違アルベシ

ノ敗《ヤブレ》テ再興《サイコウ》スルノ意《イ》アレドモ横合《ヨコアイ》ニ故障《コシヤウ》有テ調難《ガタ》
シ或ハ心外无念《ムネン》ノ事アレドモ其人ニ向テ難《ガタキ》言《コト》ノ意

初比 貞固ニシテ久キ時ハ親キ人ノ助情ヲ得ベシ　二節 何事モ舊ヲ守ベシ不圖シテ争ノ起ル意　三既濟 始辛勞アレドモ後ニ大抵事通達有ベシ

四隨 婦人ノ世話事アラン親キ人ノカヲ得ル　五復 靜ニ事ヲ待トキハ大ニ志ヲ得ベシ　六益 印形事ノ争有ベシ靜ナルニ宜シ

天時 半雨半晴ニシテ辰午ノ日晴ル　願望 半途ニシテ破レ有ベシ何レ手間取ル　待人 途中ニ障有テ來リガタシ

婚姻 初縁ハ不調再縁ハ久シウシテ後調ベシ　生産 延ルカ産前ニ難ム卯酉ノ日男ナラン　得物 勞シテ功ナク却テ争アリ

疾病 痰積ナラン長引水邊ノ神ヲ祈ルベシ　醫方 北カ東ノ方ニテ壯年ノ醫ヲ求ヨ　失物 出ガタシ水邊カ東北ノ間ニアリ

變宅 宅ヲ變スルニ不利却テ損失アルベシ　訴訟 理ヲ持ナカラ急ニ埒明ガタシ　走者 連アリ水邊ニ隱ル急ニ出ガタシ

此卦ハ童蒙ノ義ニシテ物明白ニ決断シテ相調ノ成ガタキ卦也然レ𪜈段々童ノ智恵ツクノ意ニシテ次第々々ニ宜ニ向フト知ベシ○急ニ成コト皆宜カラス○物ノ数カ入難タル象アレハ人モ苦労世話多クアリト知ヘシ然𪜈一ツヽ物ヲ分ツ如ク終ニハ思フコト成就スヘシ○諸事料簡《りやう》チガヒ有ベシ慎ムヘシ○人ニ随テ物事急ナラテ為コハ宜シ人

旅行 見合ベシ水難アルカ途中心配有ベシ　仕官 急ニ調ガタシ必横合ニ障有ベシ　抱人 見合ハシ物ニ辛抱成カタキ人ナリ

賣買 進ムニ不利舊キヲ守テ静ニ時ヲ可待　高下 今ハ動キガタシ十ヒ𪜈後ニ上ル　夢 水邊ニテ驚苦有カ又往處ニ不足アリ

䷃ 山水蒙《クラシ》　巖險雲烟之家　昧也稚也
生花未開之意　春滅

蒙者昧也此卦ハ山水出テ未《イマダ》長流《チヤウリウ》廻還《スイクハン》反覆《ハンフク》シテ其行《ユク》處《トコロ》ヲ不知又艮ハ山ニシテ登《ノボ》ルニ難《カタ》ク坎ハ險《ケハシ》クシテ下ルニ不《ズ》易《ヤスカラ》山ハ山氣ヲ吐《ハイ》テ雲《クモ》ヲ出セバ則チ曇《クモ》リ又坎ノ水氣自《ヨリ》下登《ノボ》レハ霧《キリ》ヲ起《オコ》シ其道《ミチ》蒙昧ニ以此蒙ハ昧《マイ》也ト云則チ童蒙《トウモウ》ノ意《イ》ヲ以テ可解人皆幼稚《ヨウチ》ノ

ニ迷サル・ファ・フン心ヲ付ヘシ○心中ニ願《ネガ》フコト有レ𪜈人ニ包テ云ガ
タキ意アリ言出シテモ急ニ成ガタシ○胎孕障ナシ但シ三ノメ変ズ
危トス○病ハ長シ治スル𪜈急ニ功ナシ○遺失尋ガタシ○待人
遅シ途中ニテ
滞ルファアラン

時《トキ》厳《キビシ》ク教《キヤウ》戒《カイ》無《ナク》ンハ賢《ケン》モ愚《グ》トナリ正《セイ》モ邪《ジヤ》トナル以此《コヽヲモツテ》
百《ヒヤク》事《ジ》能《ヨ》ク其《ソノ》始《ハジメ》ヲ不慎《ツヽシマザレ》バ次《シ》第《ダイ》ニ過《クワ》失《シツ》災《サイ》害《ガイ》アラン可《ベシ》
畏可慎故ニ此卦ハ物ニ疑惑《ギワク》有テ思《シ》案《アン》決《ケツ》定《ヂヤウ》スルコト
不能或ハ邪《ジヤ》智《チ》利《リ》口《コウ》ヲ以テ人ヲ欺《アザム》キ反《カヘツ》テ其身ニ損《ソン》失《シツ》
後《コウ》悔《クワイ》ナル事《コト》可有何事《ナニゴト》モ自《ジ》己《コ》ノ一了簡《イチリヤウケン》ヲ捨《ステ》テ貴《キ》上《ジヤウ》
父《フ》兄《ケイ》ノ異《イ》見《ケン》ニ順《シタガ》フベシ今《イマ》物《モノ》ニ阻《ソ》隔《カク》遅《チ》滞《タイ》スル事アレ𪜈
貞《テイ》明《メイ》堅《ケン》固《ゴ》ナレバ久《ヒサ》シウシテ後《ノチ》必《カナラ》ズ發《ハツ》達《タツ》榮《エイ》昌《シヤウ》有《アル》ベシ
又性《セイ》急《キウ》惰《ダ》弱《ジヤク》ノ人ハ勞《ラウ》シテ无《ナシ》功《カウ》而《シカ》モ他《タ》人《ニン》ノ評《ヘウ》判《バン》ヲ

請《ウク》ルノ意アリ可慎又空《ムナシ》ク散《サン》財《サイ》《モノイリ》スルノ意

初損　妄ニ動トキハ大ニ散財口舌ヲ主ル
二剥　不正不實ナレバ大ニ災害アルベシ
三蠱　物ノ敗亂スル意アレハ諸事深ク慎ベシ
四未濟　舊ヲ守テ貞正ナレバ終ニ親キ人ノ助ヲ得ベシ
五渙　住處ニ心配アレ𪜈動不動止ニ安シ
六師　目上ノ人ト爭フ事ヲ不慎ハ大凶

天時　雨降テ急ニ晴難シ辰酉ノ日ヨリ晴ル
願望　勞シテ功ナシ却テ損失有ベシ
待人　途中ニ障有テ急ニ來リガタシ
婚姻　間違障有ベシナレ𪜈久シウシテ後調フ
生産　月延労何レ心配有ベシ大抵男ナラン
得物　間違有テ得ガタシ
疾病　長引テ急ニ不治療違ヲ用心スベシ
醫方　北カ丑寅ノ間ニテ能キ醫ヲ吟味スベシ
失物　不遠東北ノ間ヲ尋ヌベシ
移宅　止ルニ宜シ凶家必病難憂悲有ベシ
訴訟　長引テ理非分リ難シ和談ニ宜シ
走人　丑寅ノ山林カ隱者ノ家ニ隱ル、
旅行　見合スベシ道ニテ病盗ノ難有ベシ
仕官　靜ナレバ後漸々調フ性急ナレハ破ル、
抱人　年限長キハ宜シ又短キハ却テ凶トス

賣買 見合ベシ妄ニ計ベトハ大ニ損失ス 高下 動カタシナレモ終ニ下ルベシ 夢 目下ノ者ニ付テ損失心配アルベシ

䷄ 水天需 ム春浚 モトム密雲不雨之象 マツ雲中梅綻之意

需者須也此卦ハ乾陽天登《テントウ》セントスルニ前《マヘ》ニ坎《カン》ノ陷險《カンケン》有ガ故ニ乾《ケン》ノ剛健《ゴウケン》トイヘモ速《スミヤカ》ニ進《スヽ》ミ登《ノボ》ルヿ能《アタ》ハス窮迫《キウハク》《セマル》シテ登天《トウテン》ノ時《トキ》ヲ待《マツ》ノ義《ギ》ナリ坎《カン》ハ上《カミ》ニ在《アリ》テ險《ケハ》シクシテ陷《オチイル》トシ則《スナハ》チ大川《タイセン》ニ象《カタド》ル者《モノ》ハ乾《ケン》ニシテ其《ソノ》働《ハタラ》キ剛健《ゴウケン》ナリ陽《ヨウ》ノ進《スヽ》ミ動《ウゴク》ハ理《リ》ノ常《ツネ》ナリ若《モシ》時節《セツ》ノ見合ナク剛陽《ゴウヨウ》ノ才《サイ》ヲ以テ妄《ミダリ》ニ進《スヽ》マバ必《カナラズ》險中《ケンチウ》ニ陷《オチイ》ルノ災害

有ベシ依《ヨツ》テ需待《シユタイ》ノ戒《イマシメ》アリ故《ユヘ》ニ此卦《コノクワ》ハ百事《ヒヤクツジ》其《ソノ》舊常《キウジヤウ》《シキタリ》ヲ守《マモリ》テ事《コト》ノ靜《シヅカ》ナルニ宜《ヨロ》シ新規《シンキ》ニ事ヲ起《オコ》スノ類《イ》ハ勞《ラウ》シテ功《カウ》ナク却《カヘツ》テ物《モノ》ニ窮迫《キウハク》スル事有ベシ何事《ナニゴト》モ今其《イマソノ》時不至《トキイタラ》ト知《シリ》テ宜《ヨロシ》ク其時節《ソノジセツ》ヲ待《マツ》ベシ後《ノチ》必《カナラズ》親《シタ》シキ人ノ助《タスケ》アラン住處《ヂウシヨ》ニ心外《シングワイ》無念《ムネン》ノ事アレドモ辛抱《シンバウ》スベシ不然《シカラザレ》バ貴《キ》上《ジヤウ》父兄《フケイ》ノ間《アイダ》ニ口舌《クゼツ》争論《ジウロン》ノ起《オコ》ル事アリ深《フカ》ク愼《ツヽシム》ベシ无理《ムリ》ト知《シリ》テ心《コヽロ》ノ急《イソ》グ事《コト》アラン又色《イロ》ニ溺《オボ》レ利《リ》ニ迷《マヨ》フノ意《イ》アレバ貞明《テイメイ》ニシテ時《トキ》ヲ待《マツ》ヘシ惰弱《ダジヤク》不

明《メイ》ナレバ邪惡《ジヤアク》《ツルモノ》謀計《ボウケイ》《グヤサル》ニ誘引《イウイン》《サソフ》セラル、ノ意《イ》アリ可《ベシ》防《フセグ》又

我意《ガイ》ニ任《ニン》セテ物《ブツ》ニ進《スヽマ》バ大災《タイサイ》有ベシ

初井　物事深ク慎マハ大ニ損失驚苦有ベシ

二未濟　貞正ナルハ後ニ幸慶アラン

三節　物ノ間違爭有カ又攻難ヲ慎ムベシ

四夬　隨分事ノ静ナルニ宜シ性急ナルハ大凶

五泰　實情深キ人ハ必榮名發達有ベシ

六小畜　病苦有カ何レ物ニ不足有ベシ

天時　雨降ラシテ急ニ晴ル夜雨ノ晴ル

願望　様子宜トイヘ圧事成カタシ

待人　遅シ辰巳酉ノ日音信アリ

婚姻　初縁ハ調カタシ再縁ハクミウシテ成ル

生産　月末カ延ルナラン初産ハ女次ハ男

得物　勞シテ功ナシ損失有ベシ

疾病　心静ニ保養スヘシ長引テ急ニ治セズ

醫方　水邊カ未申ノ間ニテ求ムベシ

失物　出カタシ戌亥カ水邊ニ近キ處ニ有

變宅　動ニ不宜異見ニ付テ見合ニ宜シ

訴訟　急ニ埒明ガタシ人ノ異見ニ順フベシ

走者　西北ノ林シキ處カ隱者又ハ水邊ヲ尋ベシ

旅行　止ルニ宜シ道ニテ凶 水難ノ驚苦アルベシ　仕官　徒ニ是障有テ 事調カタシ　抱人　急ニ凶ニ足ニ後 不足アラン

賣買　時節ヲ待ベシ安ニ 思込ハ損多シ　高下　上ル様子ナレ㠯 大ニ違カルベシ

䷅

天水訟

訟者論也此卦ハ物事《モノゴト》能《ヨク》其始《ハジメ》ヲ戒慎《カイシン》セザレバ終《ツイ》ニ患難《クワンナン》災《サイ》失《シツ》アラン可懼可慎卦象《クハシヤウ》ハ乾陽《ヤウ》上リ坎《カン》水《スイ》就《ツク》下ニ又大ハ内ニ周《メグ》リ水ハ東ニ流ル其行事《カウジ》必上下相違ノ則上乾ハ剛《カウ》ヲ以テ上ヲ無理ニ押付ルトイヘドモ坎ハ心険クシテ上ヲ凌カントス彼剛健ナレバ吾強険ヲ以テ動ク依《ヨツ》テ

互《タガヒ》ニ其和從スル處《トコロ》ヲ知ラズ剛ヲ恃テ坎險ノ危キヲ履皆《ミナ》訟《シヤウ》爭《ソウ》ノ象《カタチ》ナリ天ハ三才《サイ》ノ始《ハジメ》五《ゴ》行《カウ》ハ水ヲ先《サキ》トス故ニ君子ハ始《ハジメ》ヲ愼《ツヽシミ》テ其終《ヲハリ》ヲ能《ヨク》ス又時俗《ゾク》ハ此《コレ》ニ反シテ始ニ其事《ジ》實《ジツ》ノ正邪《ジヤ》曲直《キヨクチヨク》ヲ正《タヾ》サヾルガ故ニ事《コト》皆《ミナ》半《ナカバ》不成《ナラ》ズシテ訟《シヤウ》爭《ソウ》破《ハ》敗《ハイ》ヲ招《マネ》クト知ベシ故ニ此卦ハ貞《テイ》正《セイ》和從《ジユウ》ナレバ平《タヒラカ》ニシテ災害《サイガイ》少《スクナ》シ又剛《カウ》情《ジヤウ》不《フ》敬《ケイ》ナル人ハ大ニ官《クハン》難《ナン》財《ザイ》失《シツ》アラン深《フカ》ク愼《ツヽシム》ベシ物《モノ》ニ進ムト利《リ》アラズ退《シリゾ》キテ其常《ツネ》トスル處《トコロ》ヲ守《マモル》ニ宜《ヨロ》シ又我《ガ》意《イ》ニ募《ツノリ》テ君

臣《シン》父《フ》兄《ケイ》或ハ妻《サイ》子《シ》等《トウ》ニ離《ハナ》レ遠《トヲザカ》ルカ何《イヅ》レ住《ヂウ》處《ショ》ニ安《アン》意《イ》成《ナリ》ガタシ義《ギ》理《リ》ヲ棄《ステ》テ自《ジ》己《コ》ニ事《コト》ヲ起《オコ》サントスルノ望《ノゾミ》アレドモ止《トヾマ》ルニ宜《ヨロ》シ必手《テ》違《チガヒ》損《ソン》失《シツ》有《アル》ベシ悪《アク》ト知《シリ》テ事《コト》ノ止難《ヤメガタキ》ノ意《イ》アレバ慎《ツヽシム》ベシ

初履 婦人ニ附テ損失有テ憂苦アラン

十二否 貞明堅固ナラザレバ大ニ憂悲災害有ベシ

廿二姤 住處ニ辛勞有ベシ色ニ溺ルヽ事勿レ

四渙 舊トヲ守トキハ後ニ宜キヲ得ル

未濟 靜ニ時ヲ待トキハ親シキ人ノ助アラン

六困 何事モ人ノ異見ニ順フベシ

天時 雨降テ暫ノ辰巳ノ日ニ晴ル

願望 横合ニ障有テ終ニ事空シカルベシ

待人 間違有テ來ラズ位内ノ日ヲ待ベシ

婚姻 見合ベシ後必破談ニ及ナラン

生産 産後病ノカ伺レニ配有ハシ男ヲ生

得物 得カタシ其ノ空シク手間トル

疾病　危シ水邊カ戌亥ノ間ノ神ニ祈ヘシ
醫方　藥違ノ事ヲ用心ヘベシ子ノ方宜シ
失物　出ガタシ強テ尋レハ争アルベシ

變宅　動替ルニ凶シ靜ニ時節ヲ見合ヘシ
訴訟　我意ニ募ル人ハ大ニ公難有ベシ
走者　水邊カ戌亥ノ間ニ隱ル、出ガタシ

旅行　宜カラズ止ルヘシ必途中ニ驚有ヘシ
仕官　事調フ圧終ニ破ル、事有ヘシ
抱人　我意ノ強キ人ナリ後自ラ去ル

賣買　舊キヲ守ニ宜シ一圖ニ進ンテハ損失アラン
高下　上ル様ニシテ下ルナレ圧油斷ナラス
夢　親シキ人ト争論スル事ナカレ

䷆

地水師

師者衆《シウ》也此卦ハ軍《グン》師《シ》ノ義《キ》ナリ古昔《イニシヘ》軍《グン》旅《リヨ》アレバ諸役《シヨヤク》ヲ民《タミ》ニ命《メイ》ジ農《ノウ》兵《ヘイ》ヲ用《モチ》ユ則《スナハ》チ坤ヲ順《ユン》トシ農《ノウ》トス坎ヲ血トシ險《ケハシ》クシテ兵《ヘイ》ニ象《カタド》ル六《リク》五ハ君《クン》將《シヤウ》ノ位《クラヰ》九二ハ師臣ノ

場《バ》ナリ陰《イン》ハ暗《アン》弱《ニヤク》ニシテ陽《ヤウ》ハ剛明《カウノイ》ナリ九二ノ師《シ》臣《シン》六五ノ君《クン》將《シヤウ》ヲ補《ホ》佐《サ》シ五《ゴ》陰《イン》ノ衆《シウ》兵《ヘイ》伍《コ》列《レツ》ヲ爲《ナシ》テ軍《イクサ》ヲ出《イダ》ス則チ元《ゲン》師《スイ》ノ象《カタチ》ナリ師《シ》ハ衆《シウ》ヲ動《ウゴカ》シ命《メイ》ヲ喪《ウシナ》フノ凶器《キヤウキ》也聖人《セイジン》不《ズ》レ得《エ》レ已《ヤムコト》シテ誅《チウ》レ暴《ボウ》討《ウツ》レ亂《ランヲ》若《モシ》師《シ》哲《テツ》ノ器《キ》量《リヤウ》無《ナ》キ人軍《イクサ》ヲ出《イダ》サバ忽《タチマ》チ國《クニ》ヲ失《ウシナ》ヒ衆《シウ》ノ命《イノチ》ヲ喪《ウシナ》フ坤《コン》土《ト》ヲ以テ坎《カン》水《スイ》ニ投《ナグ》レバ土《ト》水《スイ》和《ワ》セズシテ亂《ラン》軍《グン》ノ象《カタチ》ヲ見《アラハ》ス一旦《イツタン》濁《ニゴ》リテ後《ノチ》土《ト》靜《シヅ》マリ水清《キヨ》ムハ治國《コク》平《ヘイ》呑《ドン》ノ象《カタチ》ナリ總《ソウ》テ師《シ》ハ人ノ惑《マドヒ》ヲ解《トク》モノナレバ必シモ容《ヤウ》易《イ》ノ事《コト》ニアラズ動《ウゴ》クニ節《セツ》

ト義《ギ》ヲ以テ不爲《ヤ》バ無名《ムメイ》ノ軍《イクサ》ニシテ名不正《タヾシ》ガ故ニ終《ツイ》ニ大敗《ハイ》アランヿ可懼《ベクヲソル》可愼《ベシツヽシム》此卦ハ師《シ》徳《トク》ノ賢才《ケンサイ》アル人ハ平ニシテ咎《トガ》ナシ惰弱《ダジヤク》不賢《フケン》ナレバ師《シ》哲《テツ》ノ義理《ギリ》ニ違《タガ》フカ故《ユヘ》ニ大ニ凶敗《キヤウハイ》有ベシ諸事《シヨジ》其義理《ソノギリ》ヲ正《タヾ》シテ事《コト》ノ静《シヅカ》カナルニ宜《ヨロ》シ己《ヲノレ》ヲ高《タカ》振《ブ》リ人ノ異見《イケン》ヲ不聞《ザルキカ》ノ意《イ》アリ愼《ツヽシム》ベシ我意《ガイ》ニ募《ツノリ》テ自《ミヅカ》ラ争《アラソヒ》ヲ求《モトム》ル事《コト》勿《ナカ》レ又親《シタシ》キ人ニ付《ツキ》テ損《ソン》决心《ケツシン》配《ハイ》有《アル》ヘシ新規《シンキ》ノ事ハ勞《ロウ》シテ功《カウ》ナシ舊《フル》キヲ守《マモル》ニ利《ヨロ》シ又住處《シウシヨ》ニ窮苦《キウク》有テ動《ウゴク》ノ意《イ》アレバ見合《ミア》スベシ

初臨　婦人女目下ノ者ニ付テ口舌争ヲ愼ベシ

二坤　親シキ人ノ為ニ損失心配有ベシ

三升　愼深キ人ハ後大ニ貴上ノ助情ヲ得ル

四解　舊ヲ守テ靜ナレハ事宜ク調フベシ

五坎　貞正不成ハ大ニ凶シ常トスル處ヲ守ヘシ

六蒙　物ノ間違障有ヘシ妾ニ進ムトキハ大凶

天時　忽チ降テ其日晴ルナレモ子酉ノ日ハ雨

願望　目上ニ障有テ調フ事ナシ見合ベシ

待人　彼是日間入有テ不来卯辰酉ノ日ヲ待ヘシ

婚姻　初縁ハ不成再縁ハ後斬ニ調フベシ

生産　初胎ハ男次ハ女ナルベシ辰酉ノ日産

得物　障有テ得カタシ必口舌有ベシ

疾病　湿痰積聚ニテ急ニ治シガタシ長引ベシ

醫方　北ヵ未申ノ間ニテ占方ノ醫ヲ可尋

失物　西南ノ間ヵ水邊ニテ能吟味スベシ

變宅　動ニ不利止ルニ宜シ他ニ移スハ口舌アラン

訴訟　我意ニ暴ル人ハ人ニ驚苦有ヘシ

走者　急ニ出カタミ未中ノ間ヲ尋ベシ

旅行　藝術ヲ以テノ旅ハ宜シ外ハ見合ヘシ

仕官　横合ヨリ障有ヘシ强テ求レハ争アリ

抱人　我意ノ强キ人ナリ大抵見合スベシ

賣買　用積ノ物ハ大ニ損失有ベシ

高下　高キ様子ナレモ次第ニ下ルベシ

夢　水邊ノ夢ハ凶ト人外ハ別事ナシ

水地比

比者和《クハ》也此卦ハ九五ノ一陽《イチヨウ》尊位《ソンヰ》ニ在《アリ》テ萬國《バンコク》ヲ撫《ブ》養《ヨウ》ス殘《ノコ》リ五陰《ゴイン》ハ一陽ノ君德《クントク》ヲ仰《アフ》ギ尊敬《ソンキヤウ》服從《フクジウ》スルノ義《ギ》ナリ則《スナハ》チ衆星《シウセイ》拱《キヤウ》北《キタ》ニスルノ象《カタチ》坎《カン》水《スイ》坤《コン》地《チ》モ共《トモ》ニ陰《イン》ナリ其《ソノ》陰《イン》ナルモノ二ツ比《ナラ》ブヲ以テ卦名《クワイ》ヲ比《ヒ》ト云《イフ》比《ヒ》ハ貴《キ》賤《セン》親《シン》疎《ソ》ヲ論《ロン》ゼズ和實《クワジツ》直正《チヨクセイ》ヲ以テ廣《ヒロ》ク衆《シウ》ニ親《シタシ》ムノ謂《イヒ》ナリ其《ソノ》親《シタ》シミ和從《クハジウ》スル事《コト》水《ミヅ》ノ地《チ》ト行《ユク》ガ如《ゴト》ク水《スイ》土《ト》和合《ワガフ》シテ不離《ハナレ》互《タガヒ》ニ其《ソノ》用《ヨウ》ヲ相助成《アヒタスケナ》ス故《ユヘ》ニ比《ヒ》ハ親輔《シンホ》ナリト云此

卦《クハ》ハ貞正和順《テイセイクハジユン》ナレバ發達顯名《ハツタツケンメイ》ノ時《トキ》トス故《ユヘ》ニ事理曲直《ジリキヨクチヨク》ヲ正シテ進退《シンタイ》トモニ事《コト》ノ速《スミヤカ》ナルニ利《ヨロ》シ剛情惰弱《ガウジヤウダジヤク》ニシテ物《モノ》ニ疑惑《ギワク》スル人ハ吉《キツ》ヲ逃《ニガ》シテ後悔損失《コウクワイソンシツ》アラン慎《ツヽシム》ベシ老人貴上《ラウジンキジヤウ》ヲ以テ事《コト》ヲ計《ハカ》ルトキハ大抵事《タイテイコト》ノ通達《ツウダツ》アルベシ又《マタ》不實短慮《フジツタンリヨ》ノ人ハ住處《ヂウシヨ》ニ驚苦破敗《キヤウクハハイ》ヲ招《マネク》ト知《シル》ベシ或《アルヒ》ハ余義《ヨギ》ナキ人ノ爲《タメ》ニ世話事《セワゴト》有《アル》カ又内證《ナイシヤウ》ニ物《モ》ハ有ヘシ何事《ナニゴト》ニ不《ズ》依《ヨラ》自己《ジコ》ノ一了簡《イチリヤウケン》ヲ捨《ステ》テ衆《シウ》ノ異見《イケン》ニ順《シタガ》フトキハ批カ未申《ジサル》ノ間《アイダ》ニテ必幸慶《カナラズカウケイ》有《アル》ベシ

初屯 横合ヨリ故障ノ起ル事ヲ用心スベシ	二坎 何事モ貞正ニ不慎ハ大ニ損失心配アルベシ	三蹇 物事靜カナルニ利シ妄ニ動トキハ大凶
四萃 實情深キ人ハ次第ニ家慶榮昌有ベシ	五坤 舊キヲ守テ事ノ靜カナルニ宜シ	六観 藝能ヲ以テ動トキハ大ニ高名ヲ得ル
天時 曇テ終ニ雨降ニトス卯酉ノ日時ヨリ晴ル	願望 隠者カ婦人ヲ以テ頼トキハ調フ	待人 子卯酉ノ日必ス音信アルベシ
婚姻 未申ノ間カ目上ノ人ヲ頼ベシ終ニ調フ	生産 晝ノ産ハ男夜ハ女子ナラン子午ノ日	得物 信心深キ人ハ得ル不實ノ人ハ空シ
疾病 長引テ大切ナルベシ北ノ方ノ神ヲ祈ルベシ	醫方 北カ神社ノ邊ニテ老人カ官醫ヲ頼ベシ	失物 急ニ吟味スレハ出ル水邊カ西南ノ間ニアリ
變宅 大抵宜シ手間取レハ障有テ事ナラス	訴訟 早ク和談スベシ理強キハ大ニ凶	走者 西南ヨリ行先ヲ告ル隠者婦人ノ家ニ忍
旅行 連アラハ大ニ宜シ手間取レハ邪魔入ル	仕官 貴上ノ人ヲ頼ベシ春ハ障アラン	抱人 下卦變スレハ凶ニ後必損失有ベシ
賣買 人ノ異見ニ随テ速カナルニ利シ	高下 動カタシ日數有テ後ニ下ルナラン	夢 大ニ宜シ親キ人ノ助力ヲ得ル

風天小畜

小畜者塞《フサグ》也此卦ハ一陰《イン》六四ニ居《ヰ》テ五陽《ヨウ》ヲ止《トヾ》ム而《シカ》モ止《トヾ》メ得《ウ》ル事不《ス》能《アタハ》陰《イン》陽《ヨウ》相和《アイクハ》スルトキハ雨《アメ》ヲ降《クダ》ス然《シカ》ルニ此卦《クハ》五陽《ヨウ》一陰《イン》ナレハ陽《ヨウ》ノ升《ノボ》ルモノハ多《オホ》ク陰《イン》ノ降《クダ》ルモノハ少《スク》シ故《ユヘ》ニ雨《アメ》降《フラ》ントシテ降《フ》ラズ則《スナハ》チ密雲《ミツウン》不《サル》雨《アメフラ》ノ象《カタチ》陽《ヨウ》ノ陰《イン》ヲ畜《トヾム》ルハ順《ジユン》陰《イン》ノ陽《ヨウ》ヲ止《トヾム》ルハ逆《ギヤク》ナリ總《スベ》テ陽《ヨウ》ノ働《ハタラキ》ハ大《オホヒ》ニシテ陰《イン》ノ働《ハタラキ》ハ小《シヤウ》ナリ一陰《イン》ヲ以テ五陽《ヨウ》ヲ止《トヾム》ルガ故《ユヘ》ニ畜《トヾム》ル處《トコロ》小《シヤウ》ナリ依《ヨツ》テ卦名《クハメイ》ヲ小畜《シヤウチク》ト云《イフ》風天《フウテン》上《シヤウ》ニ有《アリ》テ下《シモ》ヲ吹《フキ》不《ズ》恵《メグマ》内《ウチ》剛《ガウ》健《ケン》ニシテ外《ホカ》巽《ソン》

順《ジユン》ナリ又二五皆《ミナ》中《チウ》正《セー》ニシテ剛《ガウ》陽《ヨウ》トルガ故《ユヘ》ニ能《ヨ》ク事《コト》ノ
爲《タメ》ノ才《サイ》有《アル》ヲ以テ亨《トヲル》ノ義《ギ》アリナレドモ事《コト》速《スミヤカ》ニ不《ナラ》成ト
知《シル》ベシ故《ユヘ》ニ此《コノ》卦《クハ》ハ願《ネガフ》處《トコロ》有《アリ》テ不果《ハタサズ》成《ナ》ル事《コト》有テ遲《ヲツ》シ諸《モロ》
事《シン》時《ジ》節《セツ》未《イマダ》知《シレ》ズト知《シリ》テ貞《テイ》固《コ》ニシテ時《トキ》ヲ可《ベシ》待《マツ》事《コト》ノ始《ハジマ》ハ祿
子《ス》宜《ヨロ》シト雖《イヘド》モ物《モノ》ノ間《マ》違《チガヒ》ヨリ不圖《ハカラズ》損《ソン》失《シツ》心《シン》配《パイ》ナル事
有《アル》ベシ自《ジ》己《コ》ノ了《リヤウ》簡《ケン》ヲ離《ハナレ》テ宜《ヨロシ》ク人《ヒト》ノ指《サシ》圖《ヅ》ヲ受《ウク》ベシ嫁
女《ニヨ》ノ爲《タメ》ニ惡《アク》説《セツ》ヲ請《ウク》ルノ意《イ》アレバ深《フカ》ク可愼《ツヽシム》物《モノ》ニ疑《ギ》惑
有《アリ》テ決定《ケツヂヤウ》成《ナリ》ガタキノ意《イ》アリ

初巽　印形書物等ニ付テ驚動損失アルベシ	二家人　静ニ事ヲ待ベシ後家慶アラン	三中孚　貞正ナレハ親シキ人ノ助ヲ得ル
四乾　不實不正ナレハ大ニ事ノ仕損スルナラン	五大畜　心外ナル事アレド時節ヲ待ベシ	六需　物事舊キヲ守ヘシ住處ニ心勞アラン
天時　曇トモ雨ナシ子酉ノ日ヨリ空變ズ	願望　物ニ不足有テ終ニ調ガタシ	待人　障有テ其人來リガタシ
婚姻　初縁ハ不成再縁ハ不足ナレド調フ	生産　女ナラン辰巳酉ノ日或ハ月延ル	得物　急ク時ハ得ガタシ静ナルニ宜シ
疾病　長引テ不治唯藥功見エガタシ	醫方　藥違ヲ用心スベシ北ノ方辰巳ノ間宜シ	失物　油断ヨリ失ハノユリノ南東ノ間ニ有ベシ
變宅　夏ハ凶シ人ノ異見ニ付テ動ニ宜シ	訴訟　理非分リカタシ却テ損失有ベシ	走者　走テ悔ムナレトモ不出戌亥ノ方南ニ隱ル
旅行　利欲ノ旅ハ凶シ常ノ旅ハ苦カラス	仕官　手間取テ事不成見合ベシ	抱人　不足有テ終ニ去ルベシ
賣買　急ニ動トキハ大ニ凶シ舊キヲ守ベシ	高下　急ニ動カタシ久シフシテ後下ル	夢　親キ人ト爭カ物ニ不足アルベシ

䷉ 天澤履

履《リ》ハ禮也此卦ハ兌ノ少女《シヤウジヨ》乾ノ父《チヽ》ニ從《シタガヒ》テ貞操《テイソウ》ノ教示《キヤウシ》ヲ受《ウク》ル則乾ハ貴《タツトウ》シテ上《カミ》ニアリ兌ハ賤《イヤシウ》シテ下《シモ》ニ居《ヲ》リ是《コレ》自然《シゼン》ト貴賤上下ノ品別《ヒンベツ》ヲナシ又其《ソノ》禮節《レイセツ》ヲ辨《ワキマヤ》フノ義《ギ》ナリ兌ノ至弱《シジヤク》ヲ以テ乾ノ剛健《カウケン》タル其《ソノ》後《シリヘ》ヲ躡ムカ故《ユヘ》ニ虎《トラ》ノ尾《ヲ》ヲ履《フ》ムニ象《カタドル》

兌《ダ》柔《ジウ》先立《サキダツ》トキハ必人ヲ咥《クラ》フ乾《ケン》剛《ガウ》ノ後《シリヘ》ニ隨《シタガヒ》テ行トキハ危《キ》窮《キウ》ニ臨《ノゾ》ムトモ傷害《シヤウガイ》有《アル》マジ此ヲ以《モツ》テ人ヲ不咥亨ト云ヘリ總《スベ》テ人ニ先立《サキダツ》ニ不《ス》利《コロニカラ》人ノ後《シリヘ》ニ從《シタガヒ》テ進《スヽ》ムニ利《ミロ》

乾剛《ケンガウ》ヲ以テ兌柔《ダジウ》ノ薄氷《ハクヒヤウ》ヲ履《フ》ムヲ以テ不實《フジツ》短慮《タンリヨ》ノ人ハ公難《コウナン》有《アル》カ何《イツ》レ住家《チウカ》ニ驚動《キヤウドウ》ナラン可愼《ツヽシムヘシ》此卦《コノクワ》ハ物《モノ》事《コト》進《スヽム》ニ不利《ヨロシカラ》舊《フルキ》ヲ守《マモリ》テ事《コト》ノ靜《シヅ》カナルニ利《ヨロ》シ自己《ジコ》ノ了簡《リヤウケン》ヲ先《サキ》トスルトキハ大《オホヒ》ニ後悔《コウクハイ》損失《ソンシツ》アルベシ進退《シンタイ》トモニ貴上《キシヤウ》父兄《フケイ》ノ異見《イケン》ニ順《シタガ》ヘハ利《ヨロ》シ又小人《セウジン》婦女《フジヨ》ノ爲《タメ》ニ口舌《クゼツ》爭論《ソウロン》ノ起《オコ》ル意《イ》アレハ色情《シキジヤウ》ヲ愼《ツヽシ》ムヘシ

初訟　貞正其身ヲ不愼ハ大ニ損失憂苦有ベシ
二姤　印形書物ニ付テ損失驚動アルベシ
上乾　目上ノ人ニ怒ヲ請ハカ又憂悲アランニ
四中孚　實情ノ人ハ身ノ上ニ宜キ事アルベシ
五睽　物事至テ不愼ハ大ニ心配アラン
六兌　始ハ物ニ驚アルトモ後終ニ幸悦有ベシ

天時　曇ドモ雨降ラズナレドモ子酉ノ日ヨリ降ル　願望　事理正シキ事ハ必ズシウシテ終ニ叶フ　待人　途中ニ障アリテ急ニ来カタシ

婚姻　初縁ハ是障有ベシ再縁ハ破テ後調フ　生産　子辰ノ日女ナランナレドモ驚有ベシ　得物　宜キ様子ナレドモ手ニ入ル事ナシ

疾病　女ハ軽ニ男ハ重シ長引ク急ニ治セズ　醫方　水邊カ戌亥ノ間ニテ能吟味スベシ　失物　婦人隠者ヲ以テ尋レハ急ニ出ル

變宅　見合ベシ家内ニ女難カ争有ベシ　訴訟　互ニ無益ナラン早ク和談スベシ　走者　急ニ不知西北ノ間カ女ニ縁ニテ隠ル、

旅行　止ルベシ途中ニ損失驚キアルベシ　仕官　女ノ為ニ障有ベシナレドモ秋ハヨロシ　抱人　永住成ガタシ後ニ女難アルベシ

賣買　舊ヲ守ベシ新規ノ事成宜カラズト知ベシ　高下　秋冬ノ間ハ次第ニ下ルベシ　夢　信心深キ人ハ障ベシ不實ナレハ大ニ凶

䷊

地天泰

泰者通也此卦ハ陰陽《インヨウ》升降《シヤウガウ》シテ天地萬物《バンブツ》ヲ生育《セイイク》シ

交《カウ》通《ツウ》ノ道《ミチ》ヲナス氣《キ》ハ陰《イン》ニシテ自《ヨリ》レ下升《ノボ》リ形《カタチ》ハ陽《ヨウ》ニシテ

自《ヨリ》レ上《カミ》降《クダ》ル坤《コン》ノ地《ト》氣《キ》升《ノボ》ルハ微《ビ》少《シヤウ》ニシテ而《シカ》モ不《ズ》レ速《スミヤカナラ》乾陽形《カタチ》ヲ

降《クダ》スハ速《スミヤカ》ニシテ大ナリ以《テ》レ此ヲ小往《ユキ》大來《キタ》ルノ象《カタチ》トス陰ハ物《モノ》

ヲ消《シヤウ》殺《サツ》スルノ氣《キ》ナレバ小人ニ象《カタド》リ又陽《ヨウ》ハ物《モノ》ヲ生《セイ》養《ヤウ》ス

ルノ氣《キ》ナレバ君《クン》子《シ》ニ象《カタド》ル卦《クハ》象《シヤウ》ハ坤ノ小人野《ヤ》外《グワイ》ニ走リ

乾《ケン》ノ君子内《ウチ》ニ在《アリ》テ賢《ケン》人《ジン》位《クラヰ》ヲ得《エ》道《ミチ》行《オコナ》ハルヽガ故ニ小人

君《クン》子ヲ害《ガイ》スル事《コト》不《ズ》レ能《アタハ》朝《チヤウ》庭《テイ》泰《タイ》平《ヘイ》ヲ唱《トナフ》ルノ時《トキ》ニシテ

通《ツウ》泰《タイ》ノ兆ナリナレドモ天陽久《ヒサ》シク地《チ》下《カ》ニ屈《クツ》伏《フク》スル

モノニ非《アラ》ズ天地《テンチ》交通《カウツウ》スト雖《イヘド》モ其《ソノ》位《クライ》不《フ》正《セイ》ナルガ故《ユヘ》ニ健陽《ヨウ》升《ノボ》ルニ及《オヨ》デ地《チ》是《コレ》ガ為《タメ》ニ窮《キウ》迫《ハク》シ其《ソノ》居《キヨ》既《スデ》ニ傾《カタブ》キ倒ニトス實《ジツ》ニ君子《クンシ》不《ズ》成《ナラ》トキハ吉慶《キツケイ》始終《シジウ》保事《タモツコト》不《ズ》能《アタワ》小人ハ其泰吉《タイキツ》ノ時《トキ》ニ乗《ジヤウ》ジテ驕奢《キヤウシヤ》ニ募《ツノ》リ隨弱《ダジヤク》不正《フセイ》ナルガ故《ユヘ》ニ終《ツイ》ニ國《コク》家《カ》ノ衰敗《スイハイ》ヲ招《マネク》ト知ベシ此卦《コノクワ》ハ直實《チヨクジツ》貞明《テイメイ》ノ人ニハ吉《キツ》トシ剛《ガウ》情《ジヤウ》不實《フジツ》ノ人ニハ凶《キヤウ》トス物《モノ》ノ始《ハジメ》ハ吉《キツ》ナレバ尾半途《ハント》ニ至《イタリ》テ不《ザル》圖《ハカラ》間違《マチガヒ》ヨリ親キ人ト口舌《クゼツ》争論《ソウロン》ノ起《オコ》ル事《コト》アラン深《フカ》ク可愼《ツヽシム》又義理《ギリ》ニ引《ヒカ》レテ内證《ナイシヤウ》ニ損失《ソンシツ》世話事《ゴト》有《アル》ベシ己《オノレ》ヲ高振《タカブリ》

人ノ異見《イケン》ヲ不《ズ》聞《キカ》ノ意《イ》アリ慎《ツヽシム》ベシ小人婦人《フジン》ノ為《タメ》ニ心外《シングワイ》ナル事《コト》アレドモ辛抱《シンボウ》スベシ短慮《タンリヨ》ニシテ自《ミヅカ》ラ損失《ソンシツ》破敗《ハイ》ヲ求《モトム》ル事《コト》勿《ナカ》レ又住處《ヂウシヨ》ニ付《ツキ》テ思《オモ》フ事《コト》アレドモ止《トマ》ルニ利《ヨロ》シ此卦《コノクワ》ハ自吉《ヨリキツ》シテ凶《キヤウ》ニ趣《ヲモムク》ル事《コト》速《スミヤ》カナリ又否《ヒ》ノ卦《クワ》ハ自凶《ヨリキヤウ》シテ吉《キツ》ニ向《ムカ》フガ故《ユヘ》ニ泰《タイ》吉《キツ》卦《クワ》ナレドモ慎《ツヽシミ》ノ淺《セン》深《シン》ニ依《ヨ》テ吉凶《キツキヤウ》甚《ジン》人《ヒト》ニ有《アル》ノミ

初升　貞正堅固ナレバ次第ニ發達ス不正ノ人ハ大凶

二明夷　大ニ凶シ物事深ク慎ズハ災害アラン

三臨　女難カ或ハ父兄又ハ親シキ人ニ争ノ起ル意

四大壯　我意ヲ捨テ人ノ異見ニ順ヘシ

五需　舊キヲ守テ時ヲ待ベシ

六大畜　住居ニ心配有ハ性急ナレハ破アラン

天時　曇テ雨降ルナレドモ辰巳未ノ日晴ル	願望　婦人隱者ノ縁ヲ以テ調フベシ	待人　辰戌ノ日ニ音信アルベシ
婚姻　再縁ハ調フ初縁ハ障有テ破談ニ及	生産　初産ハ女ナラン辰巳未ノ日産ム	得物　未申ノ間カ女ヲ頼ムヘシ
疾病　心腹痛テ長引ヘシ二四六ノ變ハ死ス	醫方　未申ノ間ニテ官醫ヲ求ムヘシ	失物　物ノ下カ戌亥ノ間ニ有ベシ
變宅　動ニ利アラス人ノ異見ニ順フヘシ	訴訟　始様子ヨロシナレドモ後大ニ凶	走者　女カ親キ人ノ家ニ隱ル、知レカタシ
旅行　吉ナリ併シ女ニ付テ散財有ヘシ	仕官　貴上カ未申ノ間ノ人ヲ以テ調フ	抱人　當時ハ宜シナレドモ後ハ不正アラン
賣買　入用程仕込ヘシ余分ノ事ハ凶シ	高下　初ハ下リ後久シウシテ漸々高クナルヘシ	夢　吉ナリ併シナカラ女色ヲ慎ムヘシ

䷋ 天地否

否者塞《フサク》也此卦ハ乾《ケン》坤《コン》ノ二氣《キ》閉《トヂ》テ不《ス》通《ツウセ》塞《フサカリ》テ不《ザル》交《マジハラ》ノ

象《カタチ》乾《ケン》ヲ君子《クンシ》ニ象《カタド》リ坤《コン》ヲ小人ニ譬《タト》フ陽《ヨウ》ハ大《タイ》ニシテ速《スミヤ》カナ
ナリ陰《イン》ハ小《シヤウ》ニシテ遲滯《チタイ》《オソシトドコホル》スル事ヲ主ル卦象ハ乾ノ君子
外《ホカ》ニ遁《ノガ》レ坤《コン》ノ小人《シヤウジン》内《ウチ》ニ集《アツマ》リ恣肆《シシ》妄行《ボウカウ》《ホシイマヽニミダリニアコナフ》ヲナスガ故《ユヘ》ニ乾《ケン》
臣《シン》去《サツ》テ其《ソノ》諫《イサメ》無《ナク》レバ坤《コン》ノ小人益々《マスマス》時《トキ》ヲ得《エ》テ國政《コクセー》ヲ亂ス
則《スナハチ》天地否《ヒ》塞《ソク》ノ時《トキ》ナレバ剛《カウ》明《メイ》賢《ケン》忠《チウ》ノ臣《シン》トイヘドモ其《ソノ》
道《ミチ》不通ハ如何《イカン》トモ為《ナス》事《コト》不《ズ》能《アタハ》況ンヤ惰弱《ダジヤク》不明《フメイ》ノ俗《ゾク》
人《ジン》ヲヤ有《ウ》徳《トク》ノ君子《クンシ》ヲ逃《ガ》ニ奸邪《カンジヤ》ノ小人《シヤウジン》來《キタ》ルヲ以《モツ》テ大《ダイ》
往《ユキ》小來《シヤウキタル》ノ象《シヤウ》トス故《ユヘ》ニ功名《カウメイ》權勢《ケンセイ》有《アル》人《ヒト》時《トキ》ヲ見合《ミアハ》セ

宜《ヨロシ》ク事《コト》ヲ避《サケ》退《シリゾク》カザレバ小人婦女《フジヨ》ノ為《タメ》ニ必《カナラズ》災害《サイガイ》ニ遇フ事《コト》アラン慎《ツヽシム》ベシ故《ユヘ》ニ此卦ハ諸事《シヨジ》貞正《テイセイ》ニメ其《ソノ》舊常《キウジヤウ》ヲ守《マモ》ルニ利《ヨロ》シ又我意《ガイ》利口《リカウ》ヲ出《イダ》シテ妄《ミダリ》ニ物《モノ》ヲ移變《イヘン》スル時ハ大ニ憂苦《ユウク》破敗《ハハイ》有《アル》ベシ物《モノ》ノ塞《フサガツ》テ不通《フツウ》ノ義アレバ何事《ナニゴト》モ時節《ジセツ》未《イマダ》至《イタラ》ズト知《シリ》テ氣《キ》長《ナガ》ニ事《コト》ヲ可待《マツベシ》事理《ジリ》分明《フンミヤウ》ナル事《コト》ハ久《ヒサ》シカラズシテ終《ツイ》ニ顯名《ケンメイ》發達《ハツタツ》ノ時ヲ得《ウ》ベシ剛情《ガウジヤウ》不正《フセイ》ノ人《ヒト》ハ住處《ヂウシヨ》ヲ動《ウゴク》カ或ハ表向《オモテムキ》ノ事《コト》ニ付《ツキ》テ目上《メウヘ》ノ人《ヒト》ノ咎《トガ》ヲ受《ウケ》ルノ意《イ》アリ可慎《ツヽシムベシ》親《シタシ》キ間《アイダ》ニ怒《イカリ》ヲ含《フクム》カ又病痛《ビヤウツウ》有ベシ

初无妄　不實ノト正キハ必難ア ハカ又ハ損失憂アルヘシ

二訟　物ノ間違ヨリ爭有 カ又ハ住處ニ心配アルヘシ

三遯　何事モ人ノ異見ニ 順フニ宜シ

四觀　妄ニ動クトキハ大ニ 惡評ヲ得ル慎ベシ

五晉　心身堅固ナレハ貴 正ノ助ヲ得ル

六萃　爭ヲ慎ミ女難ヲ 可防後大ニ宜シ

天時　雲トモ雨トモ上卦 動トキハ必晴ル

願望　急ニ叶カタシ又 横合障アラン

待人　障有テ不來初六 ノ變ハ遲ク來ル

婚姻　互ニ物ノ間違アレトモ 再縁ハ破テ後調フ

生産　月延ルカナレトモ卯 午酉ノ日産ム

得物　表向ニ物ノサハリ 有テ得カタシ

疾病　長引テ治スルコトモ又 上卦動ハ大抵治ス

醫方　急ニ藥功不見ト雖 未申ノ間ヨロシ

失物　出カタキナレトモ 後ニハ出ル

變宅　進退トモニ今ハ不 宜見アハスヘシ

訴訟　春夏ハ利ヲ失フ靜 ナレハ後宜シ

走者　深ク隱レテ知カタシ 西南ノ間ヲ尋ヘシ

旅行　止ルニ宜ニ必途中ニ 損失病苦有ヘシ

仕官　再三破レテ漸ニ調 ヒトモ大ニ遲シ

抱人　見合ヘシ不足アリ テ終ニ去ル

賣買　何レモ暫時ヲ可待 急トキハ大ニ凶ニ

高下　特合テ動カタシ 初五ノ變ハ後上ル

夢　不信心ナレハ無實ノ 災難ニ遇フベシ

䷌ 天火同人

同人者親《シン》《シタシム》也此卦ハ天《テン》陽《ヤウ》上《カミ》ニアリ離《リ》火《クハ》其《ソノ》下《シモ》ニ居《オ》ル火《ヒ》ノ性《セイ》ハ炎《エン》上《シヤウ》スルノ者《モノ》ナレバ其《ソノ》働《ハタラ》キ乾《ケン》ノ大《タイ》陽《ヤウ》ニ同《オナ》ジ一卦《イツクハ》六爻《リクカウ》ノ内《ウチ》ニ唯《タヾ》陰《イン》ハ一爻《イツカウ》ナリ殘《ノコ》リ五《ゴ》陽《ヤウ》ハ皆《ミナ》此《コノ》一陰《イチイン》ヲ望《ノゾ》ンデ離《ハナ》ル、事《コト》ナシ則《スナハチ》同人《トウジン》ノ義《キ》ナリ親疎《シンソ》遠近《ヱンキン》ヲ不レ言《イハ》歡樂《クワンラク》憂困《ユウコン》《ウレヒクルシム》總《スベ》テ他《ヒト》ト共《トモ》ニ同《オナジ》ウスルヲ以《モツ》テ卦名《クハメイ》ヲ同人ト云《イフ》乾《ケン》ヲ君子《クンシ》トシ又大川《タイセン》ニ象《カタド》ル離《リ》ヲ日《ヒ》ニ象リ明《メイ》ト云麗《ツク》トス君子ハ私《シ》愛《アイ》ヲ以テ天理《テンリ》ヲ不《ズ》レ害《ガイセ》事《コト》公《オホヤケ》ニシテ物《モノ》ニ

不《レ》迫《セマラ》廣《ヒロ》ク天下《テンカ》ノ衆《シウ》ヲ愛《アイ》スルガ故《ユヘ》ニ其《ソノ》敵《テキ》トナルモノナ
シ依《ヨツ》テ如何《イカ》ナル大川《タイセン》ノ急流《キウリウ》ヲ渉《ワタ》ルトモ其心《ソノコヽロ》剛明《ゴウメイ》ニ
シテ衆《シウ》ト同《オナ》シキガ故《ユヘ》ニ陷溺《カンデキ》（オチイリシヅム）スル事《コト》ナシ則《チ》利《シ》渉《ルニ》大川《ヲ》
利《シ》君子ノ貞ニ謂《イヒ》ナリ親《シタシ》ムト雖《イヘド》モ僞實《ギジツ》（ウソマコト）邪正《ジヤセイ》（ヨコシマタヾシ）アルガ故ニ
離《リ》ノ明《メイ》察《サツ》無《ナ》ケンバ有《アル》ベカラズ小人ハ己《ヲノレ》（リガ）ニ愛《アイ》スルヲ親《シタ》シミ
又不《ザル》愛《アイロ》ヲ疎《ウト》ミ悪《ニク》ンデ讒害《ザンガイ》（ヘダテソシル）スルコト是《コレ》世俗《セゾク》私愛《シアイ》ノ通
情《ジヤウ》ニシテ君子《クン》ノ貞《テイ》ニアラズ卦徳《クハトク》ノ義《ギ》理《リ》ニ違《タガ》フガ故ニ
大《タイ》凶《キヤウ》トス此君子ナルトキハ吉ニシテ小人ナルトキハ憂《ユウ》

悲災《ヒサイ》害《ガイ》アラン可畏可慎此卦ハ義理《ギリ》明正《メイセイ》ナル事《コト》ハ利

シ不實《フジツ》陰謀《インボウ》《ヒソカニカクス》ナル事ハ大凶《タイキヤウ》トス姦佞邪智《カンネイジヤチ》ノ人ハ思《オモヒ》ガケ

ナキ事ヨリ住處《チウシヨ》ヲ動《ウゴ》カ或《アルイ》ハ貴賤恩人《オンジン》ノ心《コヽロ》ニ違《タガ》ヘテ大

ニ後悔損失《カウクワイソンシツ》ナル事《コト》アリ深《フカ》ク慎《ツヽシム》ベシ我意《ガイ》ヲ捨《ステ》テ人ノ異《イ》

見ニ順フニ宜シ親類縁者等ノ中ニ余義ナキ世話苦勞

ノカヽル事アルベシ正直溫厚《セイチヨクヲンカウ》《スナヲ》ノ人ハ親キ人ノ助情《ジヨジヤウ》《タスケ》ヲ得《ウ》ルカ何《イツ》

レ家内《カナイ》ニ幸慶《カウケイ》《ヨロコビ》ナル事有ベシナレ𪜈女難《ジヨナン》ヲ防《フセ》グベシ

初　遯　物ノ間違ヨリ大ニ心配有テ住處ヲ動

二　乾　舊ヲ守テ靜ナルニ宜シ不正ナレバ大凶

三　无妄　印形書物ノ事ニ付テ争論アラン

四家人　婚姻養子採世話事有カ何レ宜シ
五離　不正ノ人ハ住處ヲ動カ目上ノ人ニ離ルヽ
六革　貞正ナレハ物ヲ改メリテ宜キ事アリ

天時　雨降ルトモ忽チ晴ル酉ノ日ハ降ル
願望　老人カ貴人ヲ頼ヘシ貞正ナレハ事調フ
待人　連有カ物ヲ持來ル卯辰酉ノ日ヲ待ベシ

婚姻　夏ハ故障アラン其余ハ大抵宜シ
生產　成長ノ後大ニ立身アルベシ辰酉ノ日產ム
得物　貞正ナル人ハ其半ヲ得ベシ

疾病　春夏ハ次第ニ凶シ初三六ノ變ハ死ス
醫方　巳午ノ間ニテ求ムベシ北ノ方ハ大ニ凶シ
失物　出カタシ南カ或ハ戌亥ノ間ニテ尋ヌヘシ

變宅　進退トモニ他ノ異見ニ從フベシ
訴訟　貴人ノ助アレトモ早ク和談スベシ
走者　南ヨリ東ニ走ル連アリ後知ル

旅行　初三ノ變ハ見合スヘシ外ハミナ宜シ
仕官　東カ戌亥ノ間ニテ終ニ調フベシ
抱人　大抵宜シナレトモ夏ハ見合ベシ

賣買　其道ノ人ニ順フベシ我意ハ大凶
高下　上ルナレトモ初六ノ變ハ後下ルヘシ
夢　信心深キ人ハ身ノ上ニ幸悦有ヘシ

䷍

火天大有

大有ハ寛《クワン》《ユルヤカ》也此卦ハ離《リ》火《クハ》ノ一陰《イチイン》明徳《メイトク》ヲ以テ六五ノ君《クン》位《ヰ》ヲ得五陽《ゴヤウ》ノ賢臣《ケンシン》仰《アフギテコレヲ》之皆《ミナ》尊崇《ソンソウ》《タツトヒウヤマフ》スルノ象《カタチ》離《リ》ノ日輪《ニチリン》乾《ケン》ノ天上《テンジヤウ》ニ在《アリ》テ四海《シカイ》萬國《バンコク》ヲ照《テラ》ス則《スナハチ》日《ヒ》中天《チウテン》ニ麗《ツク》ノ象《カタチ》陰《イン》ヲ無《ハ》トシ小《セウ》トス陽《ヨウ》ヲ有《ユウ》トシ大《タイ》トス一陰《イチイン》ヲ以テ五陽《ゴヨウ》ノ有大《ユウダイ》ヲ有《タモツ》其《ソノ》所《トコロ》有《タモツ》大也《オホヒナリ》故《ユヘ》ニ卦名《クワメイ》ヲ直《タヾ》チニ大有《タイユウ》ト云《イフ》人《ヒト》モ如《ゴトク》此《カクノ》ニシテ發達《ハツタツ》高名《カウメイ》ヲ顯《アラハス》ノ時《トキ》ナリナレドモ日《ヒ》モ中天《チウテン》ニ在《ア》レバ傾《カタムク》ニ早《ハヤ》ク月《ツキ》モ盈《ミツ》ル時《トキ》ハ既《スデ》ニ虧《カク》ル況《イハ》ンヤ人道《ジンダウ》ニ於《オヒテ》ヲヤ時勢《ジセイ》何《ナン》ノ久《ヒサ》シキ事《コト》アラン可畏《ベクイオソル》可愼《ベシツツシム》實《ジツ》ニ

君子《クンシ》ノ寛仁《クワンジン》明哲《メイテツ》ニアラザレバ卦《クハ》ノ位徳《イトク》ニ違《タガ》フテ始《ハジメ》ノ吉《キツ》慶後《ケイノチ》ノ大患《ダイクワン》トナル事アラン可《ベシ》慎《ツヽシム》此卦《コノクハ》ハ寛仁《クワンジン》明哲《メイテツ》ノ器量《キリヤウ》無《ナ》キ人《ヒト》ニハ凶《キヤウ》トス不正《フセイ》剛情《ガウジヤウ》《カタイヂ》ナレバ不《ス》圖《ハカラ》物《モノ》ノ間違《マチガヒ》ヨリ貴上《キシヤウ》父兄《フケイ》ノ怒《イカリ》ヲ請《ウク》ルカ或《アルヒ》ハ婦女《フジヨ》ノ為《タメ》ニ辱《ハヅカシメ》ヲ得《ウ》ル支《コト》アラン可《ベシ》防《フセグ》諸事《シヨジ》自己《ジコ》ノ一了簡《イチリヤウケン》ヲ捨《ステ》テ他《タ》ノ異見《イケン》ニ順《シタガ》フニ利《ヨロ》シ己《オノレ》ヲ高振《タカブリ》リ人《ヒト》ノ悪《アシキ》ヲ請《ウク》ルノ意《イ》アリ可慎物《ツヽシムベキモノ》ヲ見定《ミサダメ》タル事《コト》有《アリ》テ一圖《イチヅ》ニ心《コヽロ》ノ進《スヽ》ム事《コト》アレ𪜈止《トヾ》マルニ宜《ヨロ》シ又親《シタ》シキ人《ヒト》ニ付《ツイ》テ憂悲《ウレヒ》散財《サンザイ》アルベシ

初 鼎　貞正ナル人ハ身ノ上ニ幸悦アルヘシ

二 離　住處ヲ動カ憂悲ヲ招ク不愼ハ大凶

三 睽　目上ノ方ニテ間違障有ベシ動ニ凶シ

四 大畜　舊ヲ守ヲ靜ナルニ宜シ進ムニ大凶

五 乾　貴上ノ人ニ背事勿レ必損失後悔アルベシ

六 大壯　藝能修行ノ類ハ宜シ其余ハ常ヲ守ルベシ

天時　雨降テ忽晴ル夏秋ハ四六變シテ雷

願望　義理正シキコトハ必貴人ノ助情ヲ得

待人　辰巳酉ノ日來ルナレトモ遲シ

婚姻　性急ナレハ破ル、初四ノ變ハ調フベシ

生產　辰巳ノ日產ムヘシ其子女ナラン

得物　事大ニシテ得ルヿガタシ障有ベシ

疾病　九死ニ一生ナルベシ二五ノ變ハ長引

醫方　戌亥カ南ノ方ニテ官醫ヲ求ムヘシ

失物　島處カ戌亥ノ間カ又神佛ノ邊ヲ尋ベシ

變宅　老長ノ人ニ順ヘシ性急ナレハ破ル、

訴訟　勝利ヲ得ルナレ𪜈言募ル人ハ大凶

走者　西北ノ間カ寺屋鋪ノ邊ヲ尋ヘシ出ル

旅行　春夏ハ不宜ナレ𪜈參宮ノ類ハヨロシ

仕官　夏秋ハ大抵調フ老人貴人ヲ賴ベシ

抱人　高振ル心アル故ニ永住成ガタシ

賣買　其道ノ人ニ順ヘシ我意ヲ出スニ凶シ

高下　大ニ高クナルベシ去𪜈油斷ナラズ

夢　不正ノ人ハ大難カ目上ノ人ニ離ル、

☷
☶
地山謙

謙者退《タイ》也此卦ハ艮山《ゴンサン》ノ高《タカ》キ徳《トク》ヲ以テ却《カヘツ》テ坤《コン》ノ卑《イヤシ》キ地下《カ》ニ居《ヲ》レリ是《コレ》自然《シゼン》ト謙遜《ケンソン》ノ象《カタチ》ヲ示《シメ》ス君子《クンシ》ハ已《オノレ》ヲ謙遜《ケンソン》シテ人ニ不《ザル》傲《オゴラ》ガ故《ユヘ》ニ其《ソノ》徳《トク》益々光《ヒカ》ル小人ハ此《コヽ》ニ反《ハン》シテ功《カウ》勞《ラウ》アレバ人ニ傲《オゴリ》テ驕奢《キヤウシヤ》強《ツヨ》ク其《ソノ》慎《ツヽシ》ミ無《ナ》キガ故《ユヘ》ニ謙《ケン》ノ卦《クワ》徳《トク》ニ違《タガフ》テ大凶《タイキヤウ》トス總《スベ》テ驕傲《ケウガウ》ノ氣質《キシツ》アルモノハ貴賤《キセン》ニ依《ヨ》ラズ終《ツイ》ニ其《ソノ》事《コト》ヲ遂《トグ》ル事《コト》能《タ》ハズ人ノ爲《タメ》ニ必《カナラズ》抑《オサヘ》ラルヽ事《コト》アリ謙讓《ケンジヤウ》ヲ守《マモ》ルモノハ物ニ支《ツカユ》ル事《コト》ナシ譬《タトヘ》ハ我《ワレ》人《ヒト》ニ屈《クツ》スレ

八人モ亦《マタ》我《ワレ》ヲ引《イン》伸《シン》シテ其《ソノ》謙《ケン》遜《ソン》ナルヲ賞《シヤウ》スルハ皆《ミナ》人道《ジンダウ》ノ恒《ツネ》ナリ以《モツテ》此《コレヲ》謙《ケン》道《ダウ》ハ君子《クンシ》ノ守《マモル》處《トコロ》ニシテ脩身《シウシン》第一《ダイイチ》ノ要務《ヨウム》ナリ故《ユヘ》ニ謙《ケン》ハ易中《エキチウ》ノ最《サイ》第《ダイ》一《イチ》ノ吉卦《キツクワ》ニシテ六爻《リウカウ》共《トモ》ニ皆《ミナ》其《ソノ》辭《コトバ》利《ヨロ》シ此《コノ》卦《クワ》ハ事《ジ》實《ジツ》直《チヨク》正《セイ》ナル事《コト》ハ吉《キツ》ナレドモ剛情《ガウジヤウ》不實《フジツ》ノ人ニハ凶《キヤウ》トス親子《シンシ》兄弟《ケイテイ》等《トウ》ニ付《ツキ》テ心配《シンパイ》不足《フソク》ナル事《コト》アルベシ性《セイ》急《キウ》短《タン》慮《リヨ》ナレバ住處ヲ動《ウゴク》カ或《アルヒ》ハ親《シタ》シキ人ニ離《ハナ》レ遠《トホザ》カルノ意《イ》アリ可《ベシ》レ愼《ツヽシム》人ノ異《イ》見《ケン》ニ付《ツキ》テ事《コト》ノ静《シヅカ》ナルニ宜《ヨロ》シ妄《ミダリ》ニ進《スヽ》ムトキハ大《オホヒ》ニ損《ソン》失《シツ》破《ハ》敗《ハイ》ヲ招《マネク》ト知《シル》ベシ

初 明夷　目上ノ人ニ離ルカ又住處ニ心配有シ凶
二 升　貞正ナレハ次第ニ身ノ上ニ幸有ベシ
三 坤　事ノ靜ナルニ宜シ親シキ人ニ辛勞有ベシ
四 小過　半途ニシテ物ノ破有カ間違損失有ベシ
五 蹇　不慎ノ損失後悔有ベシ舊ヲ守ニ宜
六 艮　物ニ隔有テ通達成ガタシ

天時　曇テ雨ノリ急ニ晴カタシ夏秋ハ雷アリ
願望　貞正ナル人ハ漸々ニシテ調ト知ヘシ
待人　余義ナキ事有ノ遲シ卯未ニ来ル
婚姻　初縁ハ障有テ破ル再縁ハ破テ後調フ
生産　月延ルカ産前難ム卯午ノ日男ヲ産ス
得物　正シキ事ハ人ノ助ヲ得テヨロシ
疾病　腹腰ニ痛有カ付レ長引老人ハ死ニ近シ
醫方　未申ノ間ヒニテ實意ノ醫ヲ賴ヘシ
失物　物ノ下カ東北ノ間ニテ可尋急ニ不出
變宅　人ノ異見ニ付テ進退ルニ我意ヲ忌
訴訟　人ヲ頼ミテハヤク和談ヲナスベシ
走者　西南ノ間ニテ淋シキ處ヲ尋ヘシ
旅行　大抵宜シケレド春冬ハ見合スベシ
仕官　急ニ不調ナレド後漸々ニ叶フ
抱人　二三ノ變ハ宜シ外ハ見合スヘシ
賣買　舊キヲ守ヘシ又我意ヲ出スニ凶
高下　急ニ動事有マシ年ヲ越テ後下ル
夢　信心フカキ人ハ大ニ幸慶アラン

☳☷ 雷地豫

預者悦《エツ》也此卦ハ陽ノ始《ハジメ》テ夏《ゲ》至《シ》ヨリ次《シ》第《ダイ》ニ秋《シウ》冬《トウ》ノ陰ニ閉《トヂ》ラレ潜《セン》屈《クツ》シテ春《シユン》分《ブン》ノ候《コウ》ヲ得《エ》其《ソン》地《ナ》中《チウ》ヲ出《イデ》ントシテ雷《ライ》動《ドウ》奮《フン》發《パツ》スルガ故《ユヘ》ニ萬《バン》物《ブツ》皆《ミナ》和《クハ》暢《チヤウ》スルノ時《トキ》ナリ卦《クワ》象《シヤウ》ハ一陽《ヤウ》九四ニ在《アリ》テ大《タイ》臣《シン》時《トキ》ヲ得《エ》上下ノ五陰《イン》トモニ力《チカラ》ヲ合《アハセ》テ幼《ヨウ》君《クン》ヲ輔《ホ》佐《サ》スルノ象《カタチ》震《シン》ノ動《ドウ》ニ坤《コン》ノ順《ジユン》ヲ以《モツ》テ動《ウゴク》ガ故《ユヘ》ニ動《ウゴイ》テ吉《キツ》トス則《スナハチ》震《シン》ノ剛《ガウ》将《シヤウ》上《カミ》ニ動《ウゴカ》ヲ以テ坤衆兵下《シモ》ニ從《シタガ》ノ從《シタガツ》テ動《ウゴク》トキハ人《ジン》心《シン》皆《ミナ》一致《イツキ》シテ背

ナシ以此利建侯行師ト云ヘリ人心《ジンシン》ノ誠《セイ》一ニ知スルヿ以テノ祭《サイ》祀《シ》ノ吉《キツ》占《セン》トス故ニ此卦ハ百年《ヒヤクネン》發達豫樂ノ時《トキ》ニシテ人モ亦身出世ニ向《ムカ》フト可知《ベシシル》ナレ𪜈豫ハ悦《ヨロコビ》テ又怠ルノ義アレハ小事《シヤウジ》ト雖《イヘド》モ物《モノ》ニ猶豫《イウヨ》懈怠《ケダイ》スル事《コト》ナク事義ヲ正《タダ》シテ速《スミヤ》カナル利《ヨロ》シ又事《コト》成テ後再物ハ破《ヤブレ》ヲ含《フク》ムノ意《イ》アリ可慎《ベシツツシム》舊キヲ棄《ステ》テ新《アラタ》シキ事《コト》ヲ起スカ或ハ住《ヂウ》處《シヨ》ノ動テ身ヲ達セントスルノ意《イ》アリ大抵《タイテイ》宜《ヨロ》シト雖《イヘド》モ老人《ラウジン》貴《キ》上ニ尋テ時節《ジセツ》ノ遅《チ》速《ソク》ヲ可圖《ベシハカル》我意《ガイ》ヲ出《イダ》スニ凶《アシ》シ

初震　印形書物ニ付心配　有カ目上ヲ慎ベシ

二解　實情ノ人ハ次第ニ　宜シ不正ナレハ大凶

三小過　間違ヨリ大ニ損失　有カ住處ヲ動ク

四坤　親キ人ニ損失世話　事何有静ナルニ宜シ

五萃　貞正ナレハ大ニ宜シ　又女難ヲ防ヘシ

六晋　大ニ宜シナレモ一圖　ニ進ム事ヲ慎ハベシ

天時　晴ルレ尤夏秋ハ子　卯ノ日ニ霜雨アラン

願望　東ノ方ノ貴人カ　老人ヲ以テ叶フ

待人　連アリ早ク来ル　卯酉ノ日ト人

婚姻　始ハ障アレ共後調フ　トレバ争ヲ慎ベシ

生産　初産ハ男次ハ女卯　未申ノ日産ム

得物　春ハ得ヘシ秋冬ハ　障有テ空シ

疾病　急病ナレハ死ス　上神ヲ祀ルベシ

醫方　住居ヨリ北ノ方　東ヘ方ヨロシ

失物　西南ノ間ニテ高　キ處ヲ尋ヘシ

變宅　官禄有人ハ大ニ　宜シ俗人ハ半吉

訴訟　我意ニ募ル事ナ　可慎勝トナル

走人　初ハ東ニ行後　未申ノ間ニ

旅行　西戌亥ハ宜シ其　外ハ見合ヘシ

仕官　秋冬ハ障有ヘシ又　ヲ頼テ

抱人　皆ニカラズトレトモ　秋ハ能吟味ス

賣買　東ノ人ノ指圖ヲ受ヘシ　信心深キ人ハ大吉

高下　上ルナレトモ秋冬　ノ間ハ動ナシ

夢　大ニ宜シナレトモ仕　居ヲ動クトア

䷐ 澤雷隨

隨者順《ジユン》也此卦ハ雷《ライ》ノ澤《サハ》中ニ潜《ヒソミ》テ動静《ドウセイ》時《トキ》ニ隨《シタガ》フノ義《ギ》ナリ兌《ダ》ヲ悦《ヨロコビ》トシ客《カク》トス震《シン》ヲ動《ドウ》トシ主《シユ》トス上卦兌ハ悦《ヨロコビ》ナリ卦震《シン》ハ動《ウゴ》ク悦《ヨロコ》ンデ動《ウゴ》キ隨《シタガ》フノ事《コト》ナレバ不實不正《フセイ》ナル事《コト》多《オホ》シ卦《クワ》ハ隨《ズイ》順《ジユン》ヲ吉《キツ》トスレドモ其《ソノ》隨《シタガ》フ處《トコロ》虚《キヨ》實邪《ジヤ》正ヲ詳ニ不詳ハ隨《シタガ》テ後《ノチ》ニ大《オホ》ニ災害《サイガイ》汚名《ヲメイ》ヲ得ル事アラン可慎君子ハ時《トキ》ヲ知《シリ》テ道理《ダウリ》ニ不昧ガ故ニ危為ニシテ自己ノ明鑒《メイカン》ヲ不勞時トシテニ宴息スルノ象以此隨ニ元亨利貞ニ无

咎《トガ》故《ユヘ》ニ説《エツ》ヲ以《モツテ》人《ヒト》ニ順《シタガ》フ動者《ウゴクモノ》ハ皆《ミナ》不正明《フセイメイ》ナルヿ多《オホ》シ能《ヨ》ク愼《ツヽシ》ンデ貞明《テイメイ》ニ順《シタガ》フトキハ百事《ヒヤクジ》吉兆《キツテウ》トス此卦ハ物事《モノゴト》其《ソノ》舊常《キウジヤウ》《フルキツネ》ヲ守《マモリ》テ人ト和《リ》シ順《ジユン》ナルニ宜《ヨロ》シ我意《ガイ》ヲ以《モツ》テ人ノ諫《イサメ》《イケン》ヲ不用《モチヒ》性急《セイキウ》短慮《タンリヨ》ニ事《コト》ヲ計《ハカ》ルトキハ一旦《イツタン》事《コト》成《ナ》ルト雖《イヘド》モ終《ツイ》ニ悔損《クワイソン》アランコ可《ベシ》愼《ツヽシム》義理《ギリ》ニ迫《セマリ》テ是非《ゼヒ》ナク思事《オモフコト》ヲ捨ルノ意《イ》親《シタシミ》キ人ニ付《ツキ》テ勞《ロウ》アルカ又女難《ニヨナン》ヲ可《ベシ》愼《ツヽシム》他國《タコク》ノ人ニ親《シタシ》ム意《イ》ナリ

初萃　貞正ナレバ貴人ノ親愛ヲ得大ニ宜シ

二兌　不計シテ親キ人ト爭論スルカ色情ヲ愼ベシ

三革　人ノ異見ニ順フテ身ヲ改メ事ヲ定ルニ宜シ

四屯 新規ニ事ヲ始ルニ凶シ 静ニ舊ヲ守ルニ吉
天時 雨降テ忽晴ル夏 秋ハ雷有ベシ
婚姻 調フトモ初縁ハ 少シ障有ベシ
疾病 長引テ急ニ不治 水邊ノ神ヲ祈ベシ
變宅 止動トモニ宜シ人ノ 異見ニ順フベシ
旅行 宜シトレ𪜈四五ノ丈 變ズレバ見合ベシ
賣買 我意ヲ出スニ利アラズ 人ニ順フニ宜シ

五震 印形事ニ間違有カ争 アリ何レ静ナルニ宜シ
願望 事理ヲ正シテ目上 ノ人ニ順フニ宜シ
生産 子卯酉ノ日産ス 女子ナルベシ
醫方 住居ヨリ東カ北 ヲ以テ吉トス
詞訟 貞正ナレ𪜈勝利ト成ベシ 乜𪜈和談ニ宜シ
仕官 性急ナルニ不利仝 順フテ静ニ宜シ
高下 日上ニ付テ取計ヘ トキハ利アリ

六无妄 不正不實ノ人ハ災ニ患 難損失アリ慎ベシ
待人 連有テ來ルナラン 子酉ノ日ヲ待ベシ
得物 春秋ハ信心ナレバ大 抵得ルヿアリ
失者 油断ヨリ失フナリ水 邊カ東ニ有ベシ
走者 女カ隠者ノ手ヨリ知 ル水邊ヲ尋ベシ
抱人 篤ハ良シナレ𪜈冬 ハ間違ナルベシ
夢 水邊ノ婦人ヲ見ル宜 キナレ𪜈女難ヲ可防

䷑ 山風蠱

蠱者事《コト》也此卦ハ艮山上ニ亢テ下《シモ》ニ不レ交《マジハラ》巽風《ソンプウ》下《シモ》ニ順居スレモ卑《イヤシク》
弱《ジャク》ニシテ上《カミ》ニ親《シタシ》ミ近《チカヅ》キテ諫《イサメ》ヲ支ヿ不レ能《アタハ》卦象《クハシヤウ》ハ山下《サンカ》ニ風《カゼ》ヲ
含《フクム》吹出《フキイダ》サントスルニ艮山《ゴンザン》上《カミ》ニ在《アリ》テ止《トドム》之《コレヲ》ナレモ久《ヒサ》シク止《トヾマ》ルヿヲ
不レ得《エ》終《ツイ》ニ吹《フキ》出《イダ》シテ大《オホヒ》ニ敗乱《ハイラン》ス皆《ミナ》蠱壊《ヤブレクヅル》乱凶《ランキヤウ》ノ義《ギ》ナリ可レ恐可
レ慎白事大凶《ダイキヤウ》ナレモ乱《ラン》極《キハマ》レバ治《チ》ニ復《カヘリ》治ニ復《フク》スレバ又《マタ》乱《ラン》ニ終《オハ》ル蠱
乱ノ終《オハリ》ハ復治《フクチ》ノ始《ハジメ》ニシテ是《コレ》天運《テンウン》自然《シゼン》ノ理《リ》ナリ故《ユヘ》ニ忠孝
節義《セツギ》ニ死ルノ類或ハ脩身齊家《シウシンセイカ》ノ事《コト》又《マタ》藝術《ゲイジユツ》修行《シユギヤウ》ノ
事《コト》ニ此卦《コノクハ》ヲ得バ卻《カヘツ》テ吉《キツ》トス總《スベ》テ千辛萬苦《センシンバンク》ノ後《ノチ》始《ハジ》メテ

事《コト》ヲ遂《トゲ》名《ナ》ヲ揚《アグ》ルノ意《イ》アリナ[illegible]通俗《ツウゾク》此義《コノギ》ニ不應此卦《コノクハ》ハ貞明直正《テイメイセイチヨク》ノ人ハ今《イマ》身《ミ》ニ窮困災患《キウコンサイクワン》アルトモ舊産《モチマヘ》ヲ守《マモリ》テ妄動《モウドウ》セザレバ必《カナラ》ズ親《シタ》シキ人《ヒト》ノ助《タスケ》ヲ得《エ》テ後《ノチ》安靜《アンセイ》ナルベシ諸事《シヨジ》進《スヽ》ムニ不利《ヨロシカラズ》止退《ヒキタイ》シテ事《コト》ノ靜《シヅカ》ナルニ宜《ヨロ》シ不正《フセイ》短慮《タンリヨ》ナル人ハ物《モノ》ノ間違《マチガヒ》ヨリ親《シタ》シキ人《ヒト》ト大《オホヒ》ニ爭論《ソウロン》スルカ或《アルヒ》ハ俄《ニハカ》ニ住處《チウシヨ》ニ驚《キヤウ》動《ドウ》ノ事有《アリ》テ心配《シンパイ》アリ君臣《クンシン》父兄《フケイ》夫婦《フウフ》ノ中《ナカ》ニ爭《アラソヒ》アルカ互《タガヒ》ニ心《コヽロ》ヲ隔《ヘダツ》ルノ意《イ》アリ又《マタ》物《モノ》ノ續《ツヾ》キタル事《コト》ノ破《ヤブ》レタリ敗《ヤブ》タル事《コト》ヲ復《マタ》仕始《ハジム》ルノ意《イ》アリ

初 大畜 住居ニ辛勞絶ズ人異見ニ順フニ宜シ凶
二 艮 宜シク止ルニ宜シ動クニ利アラズ
三 蒙 凶
四 鼎 吉
五 巽 慎マザレバ大ニ凶患アルベシ
六 升 吉

天時 曇テ雨降ルコト多シ午丑ノ日晴ル
願望 兩三人ノ邪魔有テ叶フコトナシ
待人 日間入有テ急ニ來ルコトナシ
婚姻 宜カラズ必障アルベシ
生産 産後大ニ病苦アラン月延ルカ
得物 得ントシテ爭ノ起ルコトアラン
疾病 急ニ治シガタキコトアリ大ニ苦ム
醫師 南ニ宜シトイヘドモ急ニ藥功ナシ
失物 丑寅ノ間ニアリ物ノ下ヲ見ルベシ
住家 爭論ヲ出スノ家ナリ凶トス
訴訟 和談スルニ宜シ却テ破アラン
走者 爭フコト有テ走ル遲キ時ハ驚アリ
旅行 見合ニ宜シ
仕官 障有テ調フコトナシ
抱人 緣ナシ凶トス
賣買 舊ヲ守ニ宜シ新規ノコト損アリ
高下 損多シ油斷スヘカラズ變動スルニ凶
夢 信心ナラザレハ驚損アルヘシ

䷒ 地澤臨

臨《リン》者大《ダイ》也此卦ハ上《カミ》ヲ以テ下《シモ》ニ臨《ノゾ》ム内《ウチ》ハ兌《ダ》ニシテ說《ヨロコビ》外《ホカ》ハ坤《コン》ニシテ順《シタガ》フ卦象《クハシヤウ》ハ二陽下《ヤウシモ》ニ長《チヤウ》ジ四陰上《インカミ》ニ消迫《シヤウハク》シテ陽次第《ヨウシダイ》ニ盛大《セイダイ》ナリ澤上《タクシヤウ》ノ地《チ》ハ岸際《カンサイ》トス是《コレ》水《ミヅ》ニ近《チカ》キ臨《ノゾ》ムノ義《キ》ナリ吾《ワレ》說《ヨロコ》ンデ彼《カレ》ニ順《シタガ》フ然《シカ》レモ說《ヨロコビ》ヲ以テ人ニ順《シタガ》フハ正實敬禮《セイジツケイレイ》ニアラズ其《ソノ》說順《ヨロコビシタガ》フ處《トコロ》正貞《セイテイ》ナレバ吉《キツ》トシ不正《フセイ》ナレバ凶《キヤウ》トス此《コノ》卦ハ物事《モノゴト》其《ソノ》始《ハジメ》ハ吉《キツ》ナレモ末《スヘ》ヲ不《ズ》保《タモタ》思慮《シリヨ》多《オホク》シテ事《コト》理《リ》不《ズ》決《ケツ》必《カナラズ》疑《ウタガヒ》迷《マヨ》フヿアルベシ親子《シンシ》兄弟《ケイテイ》或《アルヒ》ハ親《シタ》シキ人《ヒト》ニ付《ツキ》テ損《ソン》

失《シツ》口舌《クゼツ》アラン可慎《ヘシツヽシム》一圖《イチヅ》ニ進《スヽ》ンデ跡ヱ歸《カヘ》リガタキノ意《イ》女色《ジヨシヨク》ヲ防ベシ必《カナラズ》他人《タニ》ノ評議《ヘウギ》ヲ請ルヿアリ諸事《シヨジ》ツヽシムベシ

初師　住居ニ不足有テ動力争アルベシ　二復　吉　三泰　吉

四歸妹　婦人ニ付口舌有ヘシ性急ナレハ大ニ凶シ　五節　物ノ間違ニテ大ニ心支アルベシ　六頤　余義ナキ世話ゴトアルベシ

天時　雨降ルナレドモ丑未ノ日ニ至テ晴ル　願望　貞正ナレハ半吉トス　待人　連ハ女ナラテ來ル子卯ノ日トス

婚姻　彼是ト障アルヘシ再三ニテ後調フベシ　生産　安産ナルヘシ男子ナラン　得物　半吉

疾病　彼是シテノ薬違ノ事ヲ用心スベシ　醫師　未申ノ間ヲ吉トス或ハ水邊ニ宜シ　失物　西南ノ間ニアリ女ニ尋ルニ宜シ

住家　商家ハ繁昌スベシナレドモ口舌ヿアリ　訴訟　无益ノ論ナリ早ク和談スベシ　走者　連アルヘシ水邊ニ隱ルヽナリ

旅行 遠方ハ凶シ近キ處ノ旅ハ苦シカラズ　仕官 調フナレド人有テ破ル　抱人 女難争ノ起ルヿヲ兼テ防クベシ

賣買 見合ベシ　高下 舊常ヲ守テ宜シ損ナシナレド利少シ　夢 物ニ評議ヲ請ルヿアルベシ

䷓ 風地觀

觀《クハン》者視《ミル》也示《シメス》也此卦ハ二陽《ヨウ》尊《ソン》位《ヰ》ニ在《アリ》リ孚《フ》信《シン》ヲ以テ四《シ》陰《イン》ニ示《シメス》ノ義《ギ》ナリ則《スナハ》チ人君《ジンクン》上《カミ》天道《テンダウ》ヲ觀《ミ》下《カ》民《ミン》俗《ゾク》ヲ觀ル天《テン》ノ神道《シンダウ》四時《シジ》不忒《タガハザル》ヲ以テ設《ヒ》教《ヲシヘヲ》天下《テンカ》ノ民《タミ》ヲ服《フク》スル以ン此君子《クンシ》脩《ヲサメ》德《トクヲ》政《マツリコト》ヲ行《オコナ》フ風《カゼ》地《チ》上《ジヤウ》ヲ行《ユキ》偏《アマネ》觸《クフ》ル萬《バン》物《ブツ》周《シウ》觀《クハン》ノ象《カタチ》トシ萬《バン》民《ミン》ノ爲《タメ》ニ瞻《セン》仰《ギヤウ》セラルヽノ義《ギ》ナリ此《コノ》卦《クハ》ハ貞正《テイセイ》ナル人《ヒト》

或《アル》ハ藝《ゲイ》術《ジユツ》ヲ以テ計《ハカ》ルヿハ宜《ヨロ》シ私《シ》欲《ヨク》不《フ》正《セイ》ノヿハ労《ラウ》ニテ功《カウ》ナク却《カヘツ》テ心《シン》労《ラウ》損《ソン》失《シツ》アルベシ何《ナニ》トナク彼《カレ》是《コレ》物《モノ》ノ評《ヘウ》判《バン》ニナルヿアランヿ藝《ゲイ》能《ノウ》ヲ以テ身《ミ》ヲ起《オコ》スノ類《タグヒ》ハ大《オホヒ》ニ高《カウ》名《メイ》ヲ得《ウ》ベシ互《タガヒ》ニ物《モノ》ヲ疑《ウタガヒ》両《リヤウ》方《ハウ》ヨリ見《ミ》合《アハ》シテ居《オ》ルノ意《イ》女《ジヨ》難《ナン》ヲ慎《ツヽシム》ベシ

初益 卯形ノ事ノ間違アランヿ用心スベシ　二渙 住居ヲ動ノ意損失離別ヲ主ル　三漸 静ナレハ次第ニ宜シキヿアリ

四否 何事モ一分ノ了簡ヲ出スベカラス　五剥 凶　六比 吉

天時 半雨半晴ニシテ定カタシ　願望 貞正ノ人或ハ藝術ハ叶フ　待人 早クキタル卯酉ノ日

婚姻 間違事アルベシ破テ後調フ　生産 初産ハ女次ハ男ナリ産軽シ　得物 大抵其半ヲ得ル

疾病 長引トキハ大事アリ辰巳ノ神佛ヲ信ズベシ　醫師 西北ノ間ニ宜シ南ハ必ス凶シ　失物 出カタシ然レトモ後知ル

住家 俗人ハ不利隠者カ藝能有人ハ宜シ　訴訟 性急ナルニ凶静ナレハ勝チ　走者 遠ニ行ベシ東南ノ間ナリ

旅行 途中ニ金銭ヲ失フヿアルベシ　仕官 貴人ヲ頼テ調フナリ　抱人 貞正ナレハ大ニヨロシ

賣買 始利ヲ得ルナレトモ油断ヨリ損スル　高下 世間ノ沙汰宜クナ十分ノ利ナシ中利アリ　夢 信心アラハ大ニ仕合ナルヿアリ

䷔ 火雷噬嗑

噬《セイ》嗑《カウ》者齧合也此卦ハ上下ノ二爻《カウ》陽《ヨウ》ニシテ外《ホカ》剛《ガウ》ナリ中《ウチ》虚《キヨ》ニシテ又《マタ》九《キウ》四《シ》ニ一爻《カウ》陽《ヤウ》ナルモノアリ是《コレ》頤《イ》中《チウ》ニ物《モノ》有《アル》ノ象《カタチ》一物《イチモツ》上下《カミシモ》ヲ隔《ヘダテ》テ合《カツ》進《シン》スルヿ不《ス》能《アタハ》君《クン》臣《シン》父《フ》子《シ》親《シン》戚《セキ》朋《ホウ》友《ユウ》ノ間《アイダ》スベテ

和《ワ》合《ガフ》ナラズ讒《ザン》邪《ジヤ》其《ソノ》間《アイダ》ニ在《アリ》テ左《サ》右《イフ》前《セン》後《ゴ》ヲ間《カン》隔《カク》《ヘダテル》スルカ故《ユヘ》ナリ間《カン》隔《カク》ノ讒《サン》ヲナス者《モノ》ハ天《テン》下《カ》ノ大《タイ》害《ガイ》ナリ宜《ヨロシ》ク除《ノゾキ》去《サラバ》之《コレヲ》則《スナハチ》必《カナラズ》百《ヒヤク》事《ジ》亨《カウ》通《ツウ》メ邪《ジヤ》正《セイ》偽《ギ》實《ジツ》自《オヅカ》ラ分《フン》明《ミヤウ》ナルベシ故《ユヘ》ニ利《ヨロシ》「用《モチユルニ》「獄《ウツタヘヲ》ト言《イ》ヘリ此卦ハ諸事性急ナルヿヲ愼ミ温順和平ナレバ大ニ發《ハツ》達榮昌アルベシ親疎ニ依ラズ物ノ間違ヨリ口舌争論ノ起ルヿ有用心スベシ我意ヲ止テ宜ク人ノ異見ニ順フニ利シ

初晉　吉　　二睽　大凶　　三離　貞正ノ人ニ順フニヨロシ

四頤　親シキ人ノ世話苦勞ナルヿアリ　　五无妄　不正不實ノ事ハ患難凶災アルベシ　　六震　住居驚動ヲ主ル口舌ヲ愼ムベシ

天時　雷雨アルヘシ丑未ノ日晴ル
願望　目上ノ人ヲ以テ再三頼ニ宜シ
待人　來ル午未酉ノ日ナリ

婚姻　能々正スヘシ然ルトキハ調フ
生産　産輕シ未申丑ノ日ナラン
得物　根强ク勤ムトキハ得ベシ

疾病　逆上シテ食不進長引ベシ
醫師　辰巳ノ間ヲ求ムヘシ
失物　丑寅ノ間水邊ヲ見ルヘシ

住家　信心深キ人ハ大ニ繁昌ス
訴訟　事ヲ正シテ根强キニ宜シ
走者　連アリテ西南ノ間ニ隱ルナリ

旅行　吉ナレ𪜈途中ニ口舌アルベシ
仕官　吉
抱人　短氣ナル生ユヘ永往スルヿナシ

賣買　進ンテ静ニ時ヲ待ニヨロシ
高下　何ヿモ手出シ出シ舊産ヲ守テ見合ヘシ
夢　愼ミ薄キ人ハ近キニ驚アリ

䷕

山火賁

賁《ヒ》者飾《カザル》也此卦ハ艮山《ゴンサン》上《カミ》ニ在《ア》リ離《リ》火《クハ》其《ソノ》下《シモ》ニ居《オ》ル山《サマ》ハ草木《ソウモク》

百物《ヒヤクブツ》ノ集《アツマル》所《トコロ》山下《サンカ》ニ火《ヒ》ヲ揚《アグ》テ其《ソノ》山上《サンシヤウ》ヲ照見《セウケン》《テラシミル》ス是《コレ》賁飾《ヒシヨク》ノ象《カタチ》ナリ君子《クンシ》ハ仁義《ジンギ》ヲ以《モツ》テ身《ミ》ノ飾《カザリ》トス小人ハ華美《クワビ》ヲ以《モツ》テ飾《カザリ》トス色欲《シヨクヨク》華美《クワビ》ハ人情《ニンジヤウ》ノ常《ツネ》ニシテ人《ヒト》專《モツハ》ラトスル處《トコロ》以此《モツテコレヲ》其《ソノ》吉凶《キツキヤウ》異《コト》ナリ山下《サンカ》ニ火《ヒ》アレバ其《ソノ》明《メイ》遠《トホ》キニ不《ズ》及《オヨバ》小事《セウジ》ヲ以テ大事《タイジ》ニ及《オヨ》ブ此卦《コノクハ》ハ物《モノ》ヲ視《ミ》テ手《テ》ニ難《カタニ》取《トリ》輕卒《ケイソツ》短慮《タンリヨ》ナレバ損失《ソンシツ》離散《リサン》ヲ主《ツカサド》ルト可《ベシ》知忠孝《チウカウ》文義《ブンギ》ニ出《イヅ》ルヿハ必《カナラ》ズ可《ベシ》達《タツス》表向《オモテムキ》ヲ張《ハリ》テ氣《キ》ヲ痛《イタム》ル意《イ》小事《セウジ》ハ調《トヽノ》フ大事《タイジ》不成ト知ベシ舊《フルキ》ヲ守《マモリ》テ靜《シヅカ》ナルトキハ後《ノチ》宜《ヨロ》シ

初艮　静ニ時ヲ待ニ宜シ

二大畜　性急ナレハ大ニ事ヲ破ル

三頤　不足アル𪜈事ヲ止ルニ吉

四離　離別散財ヲ主ルト知ルベシ

五家人　吉

六明夷　住居ニ大ニ辛勞アルベシ

天時　曇テ雨トナリ忽ナ晴ル

願望　貞正ナレハ少シ手掛リヲ得ル

待人　卯午ノ日ニ音信アルベシ

婚姻　初調フト𪜈後破アラン

生産　丑寅午ノ日ナリ初産ハ女ナース

得物　小事ハ吉大事ハ不得

疾病　心熱盛ニシテ危シ信心スベシ

醫師　南カ丑寅ノ間ヲ求ムベシ

失物　出カタシ

住家　大抵苦シカラズ

訴訟　正直ナラザレバ利ヲ失フ

走者　後歸ル南ノ方ニ走ル

旅行　遠方ニ凶シ近キ處ハ宜シ

仕官　身ヲ不正ハ事ナラズト知ベシ

抱人　大抵宜シ

賣買　新規ノ事ハ利ヲ失フ

高下　目上ヨリ相談ノ事ハ利アリ仕入テ宜シ

夢　吉凶ナシ

山地剝

剝《ハク》者落《オツル》也此卦ハ陰《イン》始《ハジメ》テ自《ヨリ》下《シモ》生《シヤウ》ジ漸《ヤウヤ》ク長《ナガ》ジテ盛《サカン》ナリ群《グン》陰陽《インヤウ》ヲ消迫《セウハク》ス上《カミ》ハ艮《ゴン》ノ山《サン》ニシテ下《シモ》ハ坤《コン》ノ地《チ》ナリ山《ヤマ》ハ地《チ》ニ附《ツキ》テ高《タカ》ク高山《カウザン》地上《チシヤウ》ニ起《オコ》リ而《シカ》モ反《カヘツ》テ地《チ》ニ附著《ツキツク》是《コレ》剝《ハク》ハ落《オツル》ノ象《カタチ》陽《ヤウ》ヲ君子《クンシ》トシ陰《イン》ヲ小人《セウジン》トス奸邪《カンジヤ》直正《チヨクセイ》ヲ侵《オカシ》小人《セウジン》君《クン》子《シ》ヲ欺《キ》害《ガイ》ス下《シモ》ヨリ次第《シダイ》ニ減損《ゲンソン》ヲナス始《ジ》メ乾《ケン》ノ初爻《ショカウ》變《ヘン》ジテ始《ハジメ》トナルトキ心身《シンジン》堅固《ケンゴ》ニ戒愼《カイシン》ナキ故ニ退《タイ》トナリ否トナリ終《ツイ》ニ剝《ハク》ニ至《イタリ》テ患難《クワンナン》災危《サイキ》ヲ招《マネク》ト可《ベシ》知《シル》此卦《コノクハ》ハ諸《シヨ》事

進《スヽ》ムニ不《ズ》利《ヨロシカラ》舊《フル》キヲ守《マモリ》テ事《コト》ノ静《シヅカ》ナルニ宜《ヨロ》シ物《モノ》ノ一度《イチド》發《ハイ》シテ復《マタ》始《ハジマ》ルノ意《イ》アリ親《シタシ》キ人《ヒト》ト計《ハカ》ラズ間《マ》違《チガ》ヨリ争《アラソ》ノ起《オコ》ルヿアラン可《ベシ》防《フセグ》住家《ヂウカ》ニ損《ソン》失《シツ》辛《シン》勞《ラウ》アルベシ目上《メウヘ》ノ人ニ身《ミ》ヲ任《マカ》シテ己《オノレ》ノ意《イ》ヲ起《タテ》ザルトキハ今《イマ》窮苦《キウク》スルトモ後《ノチ》宜《ヨロシ》ク身《ミ》ノ治《オサマ》ル意《イ》

初頭　余義ナキ世話ゴトアルベシ　二蒙　凶　三艮　静ニ時ヲ待ベシ

四晋　究シテ後大キ宜シキヿアリ　五観　半吉　六坤　物ニ不足アレドモ止ルニヨロシ

天時　雨降ル雨中ノ占ナラハ必晴ル　願望　調フ様子ニテ障アルベシ　待人　ヲソシ或ハ酉卯ノ日來ル

婚姻　初縁ハ變ルヘシ再縁ハ苦シカラス　生產　男ヲ產ムナレトモ多病ナラン　得物　得カタシ

疾病　長引テ危シ信心スベシ　醫師　丑寅カ戌亥ノ間ニテ求ムベシ　失物　出カタシ西南ノ間ヲ尋ヘシ

住家　病人出來ルカ口舌ノアリ凶シ　詞訟　日間取テ後利ヲ失フ　走者　姿ヲ替ルコトアラン

旅行　見合スヘシ凶　仕官　勤向ニ邪魔入テ破ル　抱人　宜シカラス縁ナシ

賣買　大ニ損失アリ見合スヘシ　高下　不計損失アラン引取テ倉入ベシ　夢　病事カ憂ヲ主ルト知ルベシ

䷗　地雷復

復《フク》者反《カヘ》也此卦ハ一陽《イチヤウ》五陰《ゴイン》ノ下《シモ》ニ生《シヤウ》ズ陰《イン》ノ滿極《ミチキハマ》ル陽《ヤウ》ニ復《フク》スルノ時《トキ》剝《ハク》ハ十月ニ配《ハイ》ス陰《イン》盛《サカン》ニシテ既《スデ》ニ極ル冬《トウ》至ニ及《オヨ》ンデ

一陽地中《チウ》ニ復生《フクセイ》ス故《ユヘ》ニ卦《クハ》ヲ復《フク》ト名《なヅ》ク物《モノ》ノ始《ハジメ》生《シヤウ》ズル時《トキ》ハ皆《ミナ》其《ソノ》氣《キ》至《イタリ》テ微《ビ》ナルモノナレバ摧《サイ》折《セツ》ノ難《ナン》多《オホ》シ漸《ヤウヤ》ク春《シユン》陽《ヤウ》發《ハツ》起《キ》スルニ及《オヨビ》テ之《コレ》ヲ害《ガイ》スルヿ不《ズ》能《アタハ》微《ビ》陽《ヤウ》ノ生《セイ》長《チヤウ》スレバナリ善《ゼン》ニ反《カヘ》ルノ義《ギ》トス震《シン》ノ動《ドウ》ニ坤《コン》ノ順《ジユン》ヲ以《モツテ》ス地中《チウ》ニ草《サウ》木《モク》ノ芽グミ春《シユン》來《ライ》ノ氣《キ》ヲ待《マツ》ノ象《カタチ》此《コノ》卦《クハ》ハ今《イマ》物《モノ》ニ窮《キユウ》困《コン》不《フ》自《ジ》由《ユウ》也ト雖ドモ貞《テイ》正《セイ》ニシテ舊《フル》キヲ守《マモル》トキハ必《カナラズ》後《カウ》榮《エイ》アルベシ物ノ一度《ド》盡《ツキ》テ復《マタ》始《ハジマ》ルノ意《イ》アレバ歸《キ》國《コク》歸《キ》參《サン》ノ類《ルイ》ハ必《カナラ》ズ調《トヽノ》フ總《スベ》テ事《コト》再《サイ》三《サン》ニシテ調《トヽノ》フト可《ベシ》知《シル》故《ユヘ》ニ性《セイ》急《キウ》短《タン》慮《リヨ》ナレバ支破《ヤブ》

レ後悔《カウクワイ》損失《ソンシツ》アルベシ何事《ナニゴト》モ人次第《ヒトシダイ》トナルニ宜《ヨロ》シ

初 坤 性急ナルニ凶シ又家事ノ世話アリ
二 臨 女ニ付テ口舌アツヽシムベシ
三 明夷 凶

四 震 住居ニ驚動アルカ印形ノ障アルベシ
五 屯 動ニ利アラズ止ルニ宜シ
六 頤 余義ナキ世話ゴトアルベシ

天時 曇テ雨降ニトス卯午ノ日晴ル
願望 静ニ時ヲ待ベシ必ス叶フ
待人 未申卯ノ日ニキタル

婚姻 再縁ハ宜シ初縁ハ少シ障アリ
生産 男ヲ産ム十卯未申ノ日
得物 大抵得ルベシ

疾病 長引テ重シ必ス軽ク思フコ勿レ
醫師 西南ノ間カ東ヲ吉トス
失物 急ニ出ガタシ未申ノ間ニアリ

住家 動ニ不利止ルニ吉次第ニ幸アラン
訴訟 人ノ異見ニ付ニヨロシ利トナル
走者 不久シテ歸ル東カ西南ノ間

旅行 連アルトキハ益宜シ
仕官 信心ナレハ必ズ調フトス
抱人 東ヨリ來ルハ宜シ丑寅ハ凶

賁買　次第ニ利ヲ得ル然レ𪜈静ナル吉　高下　惣テ静ナルニ宜シ末ニ利アリ　夢　信心ナレバ次第ニ宜キヿアラン

☰☳　天雷无妄

无妄《ムハウ》者天災《テンサイ》也至誠《シセイ》也此卦ハ動ニ乾天《ケンテン》ノ順《ジユン》ヲ以《モツテ》ス人《ヒト》能《ヨク》无妄《ムバウ》ノ道《ミチ》ニ合《カナフ》トキハ天地《テンチ》ト其徳《ソノトク》ヲ合《アハス》ナリ无妄《ムバウ》ハ天《テン》ノ道《ミチ》ニシテ至誠《シセイ》ナリ天ノ萬物《バンモツ》化育《クハイク》スルヿ生々不窮各具性命ヲ正《タヾシ》フス是《コレ》則《スナハチ》无妄《ムバウ》ナリ天命《テンメイ》ニ任《マカ》セテ私意《シイ》ヲ不加《クハヘ》貞正《テイセイ》ニシテ能《ヨク》其獨《ソノヒトリ》ヲ不慎《ツヽシマザレ》バ天災《テンサイ》アリ邪僞《ジヤギ》凶悪《キヨウアク》意《イ》ナシトイヘ𪜈正理《セイリ》ニ不合《カナハ》バ妄《バウ》ナリ无妄《ムバウ》ハ君子《クンシ》ノ常《ツネ》ニ守《マモ》ル處《トコロ》此卦《コノクハ》ハ事理

正《タヾ》シキ一吉《キツ》ニシテ無咎《トガ》其《ソノ》余《ヨ》人《ジン》欲《ヨク》ヲ以《モツ》テ計《ハカ》ル事《コト》ハ必《カナラ》ス患難《クワンナン》災危《サイキ》不《ブ》レ遠《トホカラ》シテ來《キタ》ル可《ベク》レ恐《オツル》可《ベシ》レ愼《ツヽシム》物事《モノゴト》其《ソノ》恆《ツネ》ヲ守《マモリ》テ外《ホカ》ニ心《コヽロ》ヲ移變《イヘン》スル一勿《ナカ》レ老人《ラウジン》貴人《キニン》ノ異見《イケン》ニ順《シタガ》フニ利《ヨロ》シ我意《カイ》ヲ出《イダ》スニ不《ス》レ安《ヨロシカラ》住居《ヂウキヨ》ニ辛苦《シンク》驚動《キヤウドウ》《オトロキウゴク》ヲ主《ツカサド》ルカ印形《インギヤウ》書物《カキモノ》ヨリ損失《ソンシツ》口舌《クゼツ》アラン愼《ツヽシ》ムヘシ

初否　身心堅固ナラサ六六二凶災アリ

二履　親シキ人ニ付テ辛勞損失ス

三同人　吉

四益　印形書物ノ一ヨリ心配ヲ主ル

五噬嗑　間違一ニテ爭論アルベシ

六隨　吉

天時　晴ル戊午ノ日ニ雷鳴アラン

願望　誠一ナレハ必ス叶フ

待人　卯未ノ日タヨリアルベシ

婚姻　初縁ハ障アリ再縁ハ調フベシ
生産　男ヲ産ス其子發明ナラン
得物　俗人ハ得カタシ損アリ

疾病　信心專ラニスベシ然ラサレハ危シ
醫師　東カ戌亥ノ間ニテ求ムベシ
失物　出カタシ皆油斷ヨリ失フ

住家　俗人ハ不宜隱者ノ類ハヨロシ
訴訟　早ク和談スベシ大凶
走者　辰巳ヨリ西北ノ間ニ行ナリ

旅行　人ノ異見ニ順フニヨロシ
仕官　心身忠實ノ人ハ貴人ノ助ヲ得ル
抱入　正直ナレモ片意地ナリ大抵ヨシ

賣買　舊キヲ守ニ宜シ常ノ外ハ大ニ凶シ
高下　見分ヨリ思ノ外ニ利ウスシ
夢　住居ヲ動クヿアリ信心スベシ

䷙　山天大畜

大畜《タイチク》者積《ツム》也養《ヤシナフ》也此卦ハ畜貯《タクワヘ》テ廣大《クワウダイ》ニ成《ナル》ノ兆《テウ》トス上三爻《カミサンカウ》ハ止《トヾ》ルヿヲ要《エウ》トス下三爻《シモサンカウ》ハ進《スヽ》ムヲ戒《イマシ》ム艮《ゴン》山《ザン》ヲ以《モツ》テ乾《ケン》天《テン》ヲ

止《トヾ》メ畜《ヤシナ》フ其《ソノ》止《トヾ》メ畜《ヤシナ》フ所《トコロ》大《オホヒ》ナリ故《ユヘ》ニ卦《クハ》ヲ大畜《タイチク》ト云《イ》フ君子《クンシ》ハ道《ミチ》ヲ尊《タツト》ンデ畜之《ヤシナフコレヲ》積《ツン》デ其《ソノ》身《ミ》ヲ守《マモ》ル君子《クンシ》ナルトキハ吉《キツ》ナリ家《カ》食《シヨク》セズシテ出テ仕《ツカ》フルニ利《ヨロ》シ仕官《シクハン》ノ吉《キツ》占《セン》ナリ然《シカル》ニ今ノ人此《コノ》義《ド》不《ス》レ應《ヲンゼ》却《カヘツ》テ損失《ソンシツ》心外《シングワイ》ナルヿアリ此《コノ》卦《クハ》ハ諸事《シヨジ》静《シヅカ》ナルニ利《ヨロ》シ剛情《カウジヤウ》《モタイギ》短慮《タンリヨ》ナレバ君臣《クンシン》夫婦《フウフ》父兄《フケイ》ノ間《アイダ》カ或《アルヒ》ハ親《シタシ》キ人《ヒト》ト計《ハカ》ラズ口舌《クゼツ》争論《ソウロン》スルヿアリ可《ベシ》レ慎《ツヽシム》物事《モノゴト》未《イマ》ダ時《トキ》不《ズ》レ至《イタラ》ト了簡《レウケン》シテ待《マツ》ニ宜《ヨロ》シ後《ノチ》必《カナラ》ズ通達《ツウダツ》アラン

初蠱　任居ヲ離散スルヿアリ不信ノ人ハ大凶

二賁　始勞シテ後ニ宜キヿアラン

三損　余義ナキ人ハ損失世話ヿアリ

四大有　静ニ舊キヲ守ルニ宜シト知ルベシ
五小畜　半凶
六泰　吉

天時　雨降リ戌亥ノ日ヨリ晴ル
願望　急ニ事調ガタシ止ルニ宜シ
待人　來ルヿヲソシ

婚姻　横合ヨリ邪魔入テ調カタシ
生産　辰巳戌ノ日女ヲ産ム
得物　得ガタシ

疾病　九死一生ナリ信心スベシ
醫師　丑寅ノ間ニテ求ムベシ
失物　急ニ出ガタシ北ノ間トス

住家　俗人ハ不利隱者ハヨロシ
訴訟　和談ナルニヨロシ
走者　女カ隱者ノ縁ニテ知レルナリ

旅行　不宜見合スベシ
仕官　貴人ノ世話ニテ調フベシ
抱人　大抵見合ニヨロシ

賣買　久シク而後上ル静ナルニ宜シ
高下　次第ニ少シヅヽノ利トナル急ニ大利ナシ
夢　目上ノ患ニ逢フヿアラン

䷚

山雷頤

頤《イ》者養《ヤシナフ》也此卦ハ上下ノ二陽《ヤウ》四陰《イン》ヲ含ム外實ニシテ中虚《キヨ》ナリ則《スナハチ》頤《イ》ノ象《カタチ》トス上《カミ》艮《ゴン》ニシテ止《トヾマ》リ震ニシテ動《ウゴク》下《シモ》動《ウゴイ》テ上《カミ》ニ應《オウ》ズ頤《イ》養《ヨウ》ノ道《ミチ》ハ謹《ツヽシ》ミ食《シヨク》ヲ節《セツ》ニ人己《オノレ》ヲ養《ヤシナ》ヒ人《ヒト》ヲ養《ヤシナ》フモ正《セイ》ト不《フ》正《セイ》アリ依《ヨツ》テ吉《キツ》凶《キヤウ》異《コト》ナリトス君《クン》子《シ》ハ天《テン》命《メイ》ヲ守《マモリ》テ徳《トク》ヲ養《ヤシナ》フ常《ツネ》ノ人《ヒト》ハ不《ズ》然《シカラ》利《リ》欲《ヨク》不《フ》正《セイ》ノ了ノミニテ其《ソノ》身《ミ》ヲ養《ヤシナ》フ故《ユヘ》ニ吉《キツ》慶《ケイ》永《ナガ》ク不《ズ》保《タモタ》災《ワザハヒ》自《ヨリ》口《クチ》出《イデ》病《ヤマヒ》自《ヨリ》口《クチ》入《イル》豈《アニ》平日《ヘイジツ》能《ヨク》愼《ツヽシ》マズンバ有《アル》ベカラズ此《コノ》卦《クハ》ハ未《イマ》ダ至《イタ》ラズ即《スナハチ》今《イマ》ノ叓《コト》ハ先《マヅ》見合《ミアハス》ニ宜《ヨロ》シ親《シン》子《シ》兄弟《キヤウダイ》或《アルヒ》ハ親《シタシ》キ

人《ヒト》ノ為《タメ》ニ辛《シン》労《ラウ》氣《キ》兼《ガネ》アルカ住居《チウキヨ》ニ不足《フソク》ナルヿアルベシ人《ヒト》ニ隠《カク》シテ思《オモ》ノヿヲ可《ベキ》言《イフ》ヤ言《イフ》マジキヤト思按《シアン》工夫《クフウ》スルノ意《イ》アリ

初剝　間違障有テ難澁スルヿアルベシ　二損　親シキ人ノカニ損失氣兼アリ　三賁　半吉

四噬嗑　物ニ隔テ有ベシ静ナルニ宜シ　五益　書物印形ヲ慎ムベシ　六復　貞實ニ身ヲ守ルニ宜シ必幸アリ

天時　晴ニトシテ又曇ルヿアリ　願望　氣ヲ急トイヘトモ速ニ調ガタシ　待人　余義ナキ障有テヲソシ

婚姻　左右ニ縁有テ迷フヿアリ静ナルニ宜シ　生産　初産ハ男ヲ生ム次ハ女子ナリ　得物　日間取テ支ヲ得ガタシ

疾病　長引ベシ醫ヲ改テモ急ニ不治　醫師　東カ北ヲ吉トス人醫ニ宜シ　失物　出デズ

住家　静ニ事ヲ見合スニ宜シ　訴訟　長引ノミニテ勝利ヲ得ズ　走者　日頃ノ間ニ隠ル遠クニ出ズ

旅行 常ニ旅ニ苦カラズ然シ道ニ日間トル

仕官 隔有テ滞ル待ニヨロシ

抱人 大抵苦シカラスナレ𪜈外ヨリ邪魔入ル

賣買 見合スベシ性急ナレバ損失ナリ

高下 穀物ルイ衣類ナド利多シ余ハ半利

夢 病損失アラン信心スベシ

䷛ 澤風大過

大過《タイクワ》者《ハ》過《スグル》也此卦ハ四陽《ヤウ》中《ウチ》ニ過《スギ》テ強《ツヨ》ク二陰《イン》上下《ジヤウカ》ニ在《アリ》テ本末《ホンバツ》弱《ヨワ》ク是《コレ》四陽《ヤウ》中《ウチ》ニ滿《ミチ》過《スギ》テ棟《ムナギ》撓《タワ》ムノ象《カタチ》トス序《ジヨ》ニ頤《イ》アリ頤《イ》ハ物《モノ》ヲ養《ヤシナ》フ其《ソノ》養《ヤシナ》フ處《トコロ》皆《ミナ》節《セツ》アリ節《セツ》ヲ過《スグ》ルトキハ卻《カヘツ》テ身《ミ》ヲ傷《ヤブ》ル是《コレ》頤《イ》ノ大過《タイクハ》ニ次《ツグ》ノ所《トコロ》ナリ故《ユヘ》ニ此卦ハ諸《シヨ》事《ジ》性《セイ》急《キウ》短《タン》慮《リヨ》ナル亊《コト》ヲ深《フカク》可《ヘシ》レ愼《ツヽシム》住《ヂウ》居《キヨ》ニ辛勞《シンラウ》

多《オホク》シテ事《コト》皆《ミナ》不《ズ》和《ワ》順《ジユン》ナルベシ總《スベ》テ物《モノ》ニ疑惑《ギワク》《ウタガヒマドフ》有《アリ》テ決定《ケツヂヤウ》ナラズ人《ヒト》離《ハナ》レ財《ザイ》散《チ》ルノ時《トキ》トス何事《ナニゴト》モ人《ヒト》ノ異見《イケン》ニ順《シタガ》フテ時節《ジセツ》ヲ見合《ミアハス》ニ宜《ヨロ》シ必《カナラズ》我意《ガイ》利口《リコウ》ヲ出《イダ》シテ損失《ソンシツ》災害《サイガイ》ヲ求《モトム》ルヿ勿《ナカ》レ

初史　大凶物事深ク ツヽシムベシ

二咸　静ニ時ヲ待ニ宜シ又女難ヲ可愼

三困　九死一生ノ事アリ 信心スベシ

四坎　不義不正ナル人ハ病損或ハ患難アリ

五大壯　口舌争論ヲ ツヽシムベシ

六姤　住居ヲ動カ女ノ為ニ損失アラン

天時　曇テ風雨アリ辰巳酉ノ日晴ル

願望　前後障有テ事破ルヽツヽシムベシ

待人　途中ニ口舌有テ ヲソシ

婚姻　媒ニ間違有テ終ニ破ル見合スベシ

生産　初産ハ女次ハ男ヲ 生ム産後危シ

得物　空シク便リヲ 失フ

疾病 佛神ヲイノルベシ甚危シ	仕家 家僕ニ縁ナシ病損憂ヲ主ル	旅行 途中ニ驚キアリ見合スベシ	賣買 静ニ時ヲ待ベシ性急ナレハ大凶
醫師 藥違ヲ用心スベシ東ノ方宜シ	訴訟 和談スルニ吉強キトキハ利ヲ失フ	仕官 横合ヨリ障アルベシ	高下 取引ノ荷物ニ間違有テ返テ損ス
失物 出ガタシ却テ争論アラン	走者 急ニ出カタニ南ノ方或ハ水邊	抱人 宜シカラス此人住居定ガタシ	夢 俄ニ驚事アリ至テ信心スベシ

䷜ 坎爲水

坎《カン》者陷《カン》《ヲチイル》也此卦一陽《ヤウ》二陰《イン》ノ中《ウチ》ニ險《ケン》陷《カン》タリ且《カツ》其《ソノ》象《シヤウ》ヲ水《ミヅ》トス故ニ流《ナガレ》ニ逢《アフ》トキハ續《ソヾ》キ坎《カン》ニ遇《アフ》トキハ險《ケン》陷《カン》トシテ此止《トヾマ》ル出《シユツ》入《ニフ》トモニ險《ケン》《ケハシ》マタリ小人《セウジン》君子《クンシ》ヲ難《ナヤマ》シ虚《キヨ》ヲ以《モツ》テ實《ジツ》ニ

欺《アザムヘ》キ害《ソコナ》ノ時《トキ》ナリ患《クワン》難《ナン》危《キ》窮《キウ》ノ中《ウチ》ト雖《イヘド》モ其《ソノ》恒《ツネ》トスル處《トコロ》ヲ守《マモリ》志《コヽロザシ》ヲ屈《クツ》セズ貞《テイ》固《コ》ニ身《ミ》ヲ愼《ツヽシム》トキハ必《カナラズ》後《ノチ》終《ツイ》ニ其《ソノ》志《コヽロザシ》ヲ遂《トグ》ル是《コレ》有《アリテ》レ孚《マコト》心亨《コヽロトヲル》ノ義《ギ》ナリ故《ユヘ》ニ此卦ハ忠《チウ》信《シン》孝《カウ》貞《テイ》其《ソノ》餘《ヨ》學《ガク》文《モン》藝《ゲイ》術《ジユツ》ハ窮《キウ》苦《ク》シテ其《ソノ》道《ミチ》ヲ勤《ツト》ム務《ツトム》ルトキハ必《カナラズ》成《セイ》功《カウ》發《ハツ》達《タツ》アルベシナレ𪜈常《シヤウ》人《ジン》ハ此《コノ》義《ギ》不《ズ》レ當《アタラ》己《オノレ》ガ智《チ》巧《カウ》《チエタクミ》ヲ邪《ジヤ》惡《アク》《ヨコシマ》ニ用《モチ》ヒテ私《シ》欲《ヨク》ノ為《タメ》ニ人《ヒト》ヲ欺《アザム》ク故《ユヘ》ニ事《コト》一旦《イツタン》成《ナル》ト雖《イヘ》𪜈未ヲ不《ズ》レ保《タモタ》却《カヘツ》テ損《ソン》失《シツ》艱《カン》難《ナン》ヲ求《モト》ム愼《ツヽシ》マザレバ大《タイ》凶《キヤウ》親《シタシ》キ人《ヒト》ト争《ソウ》論《ロン》スルカ或《アルヒ》ハ婦《フ》人《ジン》又《マタ》目《メ》下《シタ》ノ者《モノ》ニ付《ツキ》テ難《ナン》義《ギ》

迷惑《イリク》ナルヿアラバ諸事《ショジ》我意《ガイ》ヲ捨《ステ》テ人《ヒト》ノ意見《イケン》ニ順《シタガ》フニ
宜《ヨロ》シ悪《アシ》キト知リツヽ物《モノ》ノ難《ナン》止《ヤム》ノ意《イ》

初節 婦人ノ爲ニ損失口舌ヲツヽシムベシ　二比 老人カ目上ノ人ニ順ノニ宜シ　三井 大凶

四困 貞正ニシテ時ヲ待ベシ後宜シ　五師 住居ヲ動カ是非ヲ争フ　六渙 損失アレ𪜈静ナルニ宜シ

天時 二三日雨降テ酉辰巳ノ日ヨリ晴ル　願望 空シク時日ヲ越テ終ニ不叶　待人 遠キハ音信アリ近キハ來ラズ

婚姻 再縁ナラン見合ヘシ宜カラズ　生産 男ヲ産ム酉カ卯ノ日ナラン　得者 横合ヨリ邪魔入テ得カタシ

疾病 九死一生ナリ水神ヲ祈ルベシ　醫師 西ノ方北ノ方ニヲ求ムベシ　失物 遠方ヘ行ナリ水邊ヲ尋ベシ

住家 憂患損失ヲ招ク早ク改ムヘシ　訴訟 両方トモニ利ヲ失フ　走者 出ガタシ北方水邊ヲ吟味ヘシ

旅行　宜シカラズ必ス行ヿ勿レアシヽ　仕官　多年ノ望ナラハ調フ七ヒ遅シ　抱人　發明ナレヒ事ノ遂カタキ人ナリ

賣買　大ニ損失スルカト落スルヿアリ　高下　萬事見合テ宜シ下直ニナルヿアリ　夢　舟川ヲ必ス可慎不信心ナル人ハ凶シ

☲ 離爲火

離《リ》者麗《リ》《ツク》也此卦一陰《イン》二陽《ヤウ》ノ間《アイダ》ニ附麗《ツキツク》ノ義《ギ》也且《カツ》其象《ソノシヤウ》ヲ火《ヒ》トス火《ヒ》ハ元陰《モトイン》ニシテ本形《ホンギヤウ》无體《ムタイ》ナレヒ物《モノ》ニ麗《ツキ》テ形《カタチ》ヲ顯ニ動《ウゴキ》テ其用《ソノヨウ》ヲ爲《ナス》トキハ陽ノ盛《サカン》ナルモノナリナレヒ其麗《ソノツク》處《トコロ》ノ物《モ》皆《ミナ》盡《ツク》ルトキハ火《ヒ》モ又《マタ》トモニ消盡《キヘツク》ル是陽中《ヤウチウ》ノ陰《イン》ナル者《モノ》ナリ故《ユヘ》ニ離《リ》者麗《ハリ》《ツク》ニシテ離別《リベツ》ノ義《ギ》ヲ含《フク》メリ其《ソノ》一

陽《ヤウ》二陰《イン》ノ中《ウチ》ニ麗《ツク》處《トコロ》正《セイ》ナレバ吉《キツ》トス不正《フセイ》ナレバ凶《キヤウ》トス是《コレ》自然《シゼン》ノ理《リ》ナリ故《ユヘ》ニ人道《ジンダウ》ハ明《メイ》ヲ尊《タツトミ》テ不明《フメイ》ヲ卑《イヤシミ》フス則《スナハチ》離卦《リクワ》ヲ以《モツ》テ自體《ジタイ》ニ取《ト》レバ心火《シンクハ》ニ配《ハイ》シテ眼トシ見《ミル》トス善惡《ゼンアク》邪正《ジヤセイ》ニ不限《カギラズ》總《スベ》テ物《モノ》ニ能《ヨ》ク移《ウツリ》安《ヤス》キハ人心《ジンシン》ノ恆《ツネ》ナリ其《ソノ》視《ミル》處《トコロ》君《クン》子《シ》ハ明《メイ》ヲ以《モツ》テ其《ソノ》正《タヾシ》キニ附《ツキ》小人ハ利欲《リヨク》ニ暗《クラ》ンデ不正《フセイ》ニ麗《ツク》ガ故《ユヘ》ニ人心《ジンシン》ノ明徳《メイトク》曇《クモリ》テ終《ツイ》ニ己《オレ》ト邪惡《ジヤアク》ノ徒《ト》ニ移變《イヘン》ス是離《リ》火《クハ》ノ明《メイ》ニ離《ハナレ》テ不明《フメイ》ニ麗《ツク》者《モノ》也可愼可恐《ベクツヽシムベシオソル》ニ陽ノ中《ウチ》ニ二陰《イン》虚《キヨ》明《メイ》ナルハ人心《ジンシン》ノ明鏡《メイキヤウ》ヲ照《テラ》スノ象《カタチ》火《ヒ》ヲ以《モツ》テ日《ヒ》トシ明《メイ》

トスルノ義《ギ》ナリ故《ユヘ》ニ此卦ハ其《ソノ》舊《キウ》常《ジヤウ》ヲ守《マモリ》テ事《コト》ノ静《シヅカ》ナルニ宜《ヨロ》シ新《シン》規《キ》ニ事《コト》ヲ起《オコス》ノ望《ノゾミ》アレモ他《タ》ノ異《イ》見《ケン》ニ順《シタガ》フニ宜《ヨロ》シ必《カナラ》ズ我《ガ》意《イ》利《リ》口《コウ》ヲ先《サキ》トシ卻《カヘツ》テ後《コウ》悔《クハイ》損《ソン》失《シツ》スルヿ有《アリ》可《ベ》慎《ツヽシム》不《フ》正《セイ》短《タン》慮《リヨ》ナレハ住《ヂウ》家《カ》ニ驚《キヤウ》動《ドウ》有《アリ》テ俄《ニハカ》ニ他《タ》ニ動《ウゴ》カントスル意《イ》アレモ見《ミ》合《ズス》ニ宜《ヨロ》シ不《フ》圖《ト》シタル事《コト》ヨリ争《ソウ》論《ロン》スルカ或《アルヒ》ハ物《モノ》ノ間《マ》違《チガヒ》有《アリ》テ愁《シウ》苦《ク》アラン可防藝《ゲイ》術《ジユツ》文《ブン》義《キ》ヲ以《モツ》テ身《ミ》ヲ脩《オサ》メ事《コト》ヲ起《オコ》スノ類《ルイ》ハ宜《ヨロ》シ必《カナラ》ズ叓《コト》ヲ成《ナシ》名發《ハツ》ス物ヲ見《ミ》テ俄《ニハカ》ニ進《スヽ》ムノ意《イ》アリ此《コヽ》ニ離《ハナ》レテ彼《カシコ》ニ身《ミ》ヲ起《タテ》ントスルノ意《イ》諸《シヨ》事《ジ》止《シ》静《セイ》和《ワ》順《ジユン》ナルニ宜《ヨロ》シ

性急《キヤウ》ナレバ物《モノ》ノ半途ニ至《イタリ》テ破《ヤブレ》アルベシ親シキ人ニ離別スル

カ遠《トヲ》キニ動《ウゴク》ノ意《イ》又《マタ》散財《サンザイ》アルカ女難《ジヨナン》アリ可防《フセグ》旅行《リヨカウ》ハ丑寅

ノ間《アイダ》ヲ用捨《ヨウシヤ》スベシ其餘《ソノヨ》ハ苦《クル》シカラズ

初旅　事ノ靜ナルニ宜シ性急ナルハ必ズ破アラン

二大有　不信心ナルハ[illegible]ナルカ損失後悔アリ

三噬嗑　舊產ヲ守テ交ニ靜ナルニ宜シ

四賁　良向心配アルカ[illegible]望ミアルベシ

五同人　親シキ人ニ婚姻養子抔ノ世話アリ

六豐　病苦散財ヲ生ズル信心スベシ

天時　春冬夏秋ハ雨降ノ忽チ晴ル

願望　貞明ナルハ宜キ人ノ助幸ヲ得ル

待人　三五六ノ變ニヨル來ル其余ハ不來

婚姻　初縁ハ不宜再縁ハ調ノナレド少障有ベシ

生產　輕シ午卯ノ日ナラン

得物　東カ南ノ[illegible]求ムレバ必得ル

疾病　初ハノ變ハ死ス其余危トモ不苦

醫師　南ノ方宜シ二度目ノ醫ガ宜シ

失物　塗物中ニ見ル[illegible]後出ル

住家　信心深キ人ハ繁昌ス不正ノ人ハ貧又ハ災ニ遇フ

訴訟　和順ナルニ宜シ初ニハ人變ハ大ニ利ヲ失フ

走者　春夏ハ辰巳ノ間ヨリ告リ初ニ戯ハ變ヘアラン

旅行　一人旅ハ途中ニ驚動有連ノハ災抵抹苦

仕官　久シク浪居スル人ハ成ル新規ハ縁ナシ

抱人　發明ナル者ナルモ永住スルコトナシ

賣買　次第ニ上ルナレモ我意ヲ捨テ人ノ異見ニ任スベシ

高下　高直ニナルヘキナレド永ク繼ヲナサレ

夢　觀キ人離別スベカ住家ニ驚アルベシ

易學通解上卷終

易學通解卷之下

平安　井田龜學先生　著
門人　栗原龜山
　　　田井龜戴　校正

䷞ 澤山咸

咸《カン》者感《カン》也此卦ハ无《ム》我《ガ》无《ム》心《シン》ニシテ感《カン》通《ツウ》スルノ義也人至誠《セイ》ナル時ハ天地鬼神《シン》モ感《カン》動《ドウ》セシム君《クン》臣《シン》上下萬《バン》物《ブツ》ニ至ルマデ皆其志ヲ通ズ艮《ゴン》兌《ダ》ノ二少交《カウ》感《カン》シテ剛《コウ》柔《ジウ》相應《ヲ》シ山澤《タク》陽ノ二氣《キ》相《アイ》通《ツウ》ジ而《シカ》モ其情《ジヤウ》同ジ故ニ利《ヨロシ》貞取《メトル》レ女吉也ト云千《セン》辛《シン》萬《バン》古《ク》モ

不《ズ》レ厭《イトハ》或ハ劒下《ケンカ》ニ命ヲ堕《ヲトス》モ少女少男ノ交《コウ》感ヨリ深《フカキ》ハナシ下卦艮ハ我《ソレ》ニシテ不レ動上卦兌ハ彼《カレ》ニシテ外ニ在テ説《ヨロコビ》而《シカ》モ誠《セイ》心《シン》能《ヨク》人ヲ感《カン》動《ドウ》ナサシム故ニ感《カン》ハ通《ツウ》也ト云リ此卦ハ忠信孝貞其外藝《ゲイ》術《ジユツ》等《トウ》至《シ》誠《セイ》ノ實《ジツ》意《イ》ヲ以テ窮《キウ》苦《ク》艱《カン》難《ナン》ヲ不レ厭《イトハ》勤《ツトメ》學《マナブ》トキハ天地鬼神モ感動セシム故ニ百事吉兆トスナレトモ邪《ジヤ》智《チ》舊《キウ》惡《アク》アル者或《アルイ》ハ不正《セイ》不實《ジツ》ノ事ニ此卦ヲ得バ患《クワン》難《ナン》凶《キヤウ》災《サイ》不レ遠シテ起ル可レ恐《ヲソル》可レ慎《ツツシム》諸事貞《テイ》明《メイ》和順《ジユン》ナレバ貴人ノ恩《ヲン》恵《ケイ》ヲ得テ必ズ宜《ヨロシ》カルベシ身此ニ在テ遠《トヲキ》ニ心ヲ運ブノ意親子兄弟其外親シキ

人ノ爲ニ彼《カレ》是《コレ》心遣《ツカイ》ノ叓アルカ何レ內證ニ散敗《サンバイ》ノヿアラン又小叓ヲ以テ大叓ヲ仕損《シソン》スルノ意アリ可愼《ツヽシム》物事急速《キツソク》ナルニ不利《ヨロシカラス》身ヲ脩叓ヲ定ルノ類ハ老人父兄ノ異見《イケン》ニ順《シタカ》フニ宜《ヨロ》シ婚姻養子ノルイハ始是非《ゼヒ》スルヿアレ𪜈不久シテ調フノ意又婦人ノ爲ニ口舌争論ノ起ル意アレバ男女𪜈ニ色情《シキジヤウ》ヲ可愼

初 革 貞正ナレハ次第ニ家慶榮名アルベシ	二 大過 物ノ間違ヨリ大ニ損失後悔アラン	三 萃 俄ニ争起ルヿヲ可愼和順ナレハ助益ヲ得ルナリ
四 蹇 舊キヲ守テ靜ナルニ宜シ散財ヲ防ベシ	五 小過 住家ヲ離ルヽヿアラン止退スルニ宜シ	六 遯 其ハ恒ヲ守テ動クヿ勿レ物ニ進ハ迷惑アラン
天時 曇テ雨降ルナレトモ不久シテ日和ニナル	願望 貞正ナラハ人ハ貴上ノ引立ニ逢フナリ	待人 來ル丑卯午ノ日ナラン ヨロシキ便ヲ得ル

婚姻　宜シ調フヘシ初五ノ變ハ再縁アラン
生産　安産ナルベシ二四六ノ變ハ女子トス
得物　信心深キ人ハ得ルベシ申・酉ニテ可求

疾病　初六ノ變ハ醫ヲ改ルニ宜シ二五ノ動ハ長引ヘシ
醫師　西ノ方又ハ丑寅ノ間ニテ可擇
失物　婦人ノカニ...

住家　此家和順ニシテ榮名アルベシ上ハ婦人事ヲ破ル
訴訟　和順ナレ吉シ又二五ノ變ハ後悔有ラン
走者　連有カ...婦人ノ縁...

旅行　大抵苦シカラズナレ氏二四六ノ變ハ不宜止ルベシ
仕官　始ハ故障アレ氏終ニ宜キ人有テ可調
抱人　二四六ノ變ハ無用...其外ハ苦シカラズ吉

賣買　時節ノ窮ヒ老人ノ異見ニ順ハヾ宜シ
高下　春ハ下ルベシ秋ハ上ル
夢　身ニ...幸ナ...アルベシ...ナレ氏色情ヲ愼ムベシ

䷟

雷風恒

恒者久也常《ツネ》ナリ此卦日月運行《ウンカウ》四時移渝《ワツリカハル》テ能變化ヲ爲矣道ノ恒《ツネ》ナリ己ヲ守徳《マモリトク》ヲ愼《ツヽシミ》テ妄《ミダリ》ニ不變《カハラ》ハ人道《ニンダウ》ノ恒《ツネ》ナリ震ハ長

男トシ上卦ニ在テ外ニ動キ巽《ソン》ハ長女トシ下卦ニ居テ内ニ順《シタガ》フ故《ユヘ》ニ卦《クワ》名《メイ》ヲ恒《ツネ》ト號《ガウ》ス男ハ出テ外ヲ治《ヲサメ》女ハ入テ内ヲ納《ヲサ》ム是《コレ》皆《ミナ》天地人倫《リン》ノ恒ニシテ夫婦ノ道也天道ノ恒ハ一定不成四時《シキ》移渝《ウツリカハリ》テ能其變化《ヘンクワ》スルヲ以テ恒《ツネ》トス又人道ノ恒ハ一定シテ愼處ヲ守テ妄ニ不變ヲ其常トス故此卦ハ物事其舊常《キウジヤウ》ヲ守テ事ノ靜《シヅカ》ナルニ宜シ舊《フルキ》ヲ去《サリ》テ新規《シンキ》ニ事ヲ起《ヲコ》シ望《ノゾミ》ノ類《ルイ》ハ貴上父兄ノ異《イ》見《ケン》ニ順フニ宜シ必ス我意剛慢《カウマン》ニシテ仕損《シソン》ジ後悔《コウクワイ》スル了勿《ナカ》レ大人ニハ吉ナレ圧常人ハ未レ吉ト可レ知ナレ圧貞正和順ナレハ親

シキ人ノ信《タスケ》ヲ得テ發達《ハツタツ》《シユツセ》ニ向フノ意アリ不正短慮《タンリヨ》ナル人ハ不圖

シタルコヨリ争論《ソウロン》スル或ハ愁離《シウリ》損難《ソンナン》ヲ主《ツカサド》ルノ意アリ可慎

物ニ左右有テ何レニ任ニヤト思慮《シリヨ》不決《ケツセ》或ハ夫婦ノ中ニ物ヲ

疑隔《ウタカヒヘダツ》ルノ意アリ一人シテ二人ヲ思フノ意アレハ密通《ミツツウ》陰事《インジ》《ヒトニカクスコ》ノ

類ヲ深クツヽシムベシ必ス破驚《キヤウ》《ヤブレオドロキ》アランニ

初 大壯　不正短慮ナレハ住家ニ愁離驚動アリ可慎

二 小過　親ミ十人ノ為ニ敵財ハ一旬

三 解　貞正和順ナレハ身ノ上ニ幸悦慶可有

四 升　其舊産ヲ守テ安ニ不動ハ次第ニ仕合ヨシ

五 大過　新規ノ事ヲ計ル時ハ大ニ損失有ヘシ

六 鼎　脩身ノ事ヲ始ルノ類大ニヨロシ

天時　風出テ曇ルナレモ其日雨不降夏秋ハ雷雨アラン

願望　持子宜シトモ急ニ叶カタシ春冬ハ調フ

待人　連ノ中ニ障有テ遅シナレモ来ルヘシ

婚姻　両方ニ引張有テ遠方ニハ成ナレドモ内縁ハ調フ

生産　前後ニ心違アレトモ別条ナシ子午戌ノ日

得物　二五六ノ變ハ得ルナリ餘ハ必スムナ

疾病　手足タリタリ時々骨節ヲ痛ム長引ケドモ不死

醫師　北方未申ノ間求ムヘシ初五ノ變ハ大ニ危シ

失物　辰巳ノ間ヲ尋ヘシ二三五ノ變ハ出カタシ

變宅　信心ハ仏家大ニ宜シナレ二九ノ變ハ見合ヘシ

詞訟　五ニ和順ナルニ宜シ初五ノ變ハ公難有ン

走者　不久シテ行先知レル婦人ノ縁ニテ辰巳ニ居ル

旅行　[illegible]絶望ナレドモ初二五ノ變ハ途中ニ故障有ン

仕官　二四ノ動ハ調フテ後ニ破有ヘシ其餘ハ調フ

抱人　宜シナレモ初二五ノ變ハ女難有テ終去ル

賣買　[illegible]ハ利[illegible]舊ヲ守ヨロシ

高下　次第ニ上ルベシ急ニ利ナシ

夢　仕官スルカ妻ヲ定ムル有ヘシナレモ色情ヲ慎ヘシ

䷠　天山遯

遯《トン》ハ退《シリゾク》也避《サクル》ナリ此卦ハ二陰《イン》下ヨリ遂《ヲヒ》上リ四陽漸《ヤウヤク》ニ退《シリゾキ》去《サル》ルノ義ナリ陰ヲ小人トシ陽ヲ君子トス卦象ハ小人内ニ浸《シン》長《チヤウ》シ君子外ニ

退去ルノ時トスナレドモ一陰ト四陽ナレバ彼《カレ》少《スクナ》ク我ハ衆《オホ》シ故ニ遽《ニハカ》ニ逃《ニグル》ベキニモ非ズト雖《イヘ》ドモ久シク亦可レ止ニモ非ス暫《シバラク》事《コト》ヲ見合《ミアハセ》テ漸《ヤウヤク》ニ避《サケ》退《シリゾ》カザレバ乍《ナガラ》居《ヰ》愁《シウ》離《リ》損《ソン》害《ガイ》ヲ干ルト可レ知是其災《ワザハイ》ヲ防《フセギ》テ身ヲ全《マツタ》フスル意有リ然ト雖ドモ爻皆棄發シテ避《サケ》退《シリゾク》ニハ非ス其時ノ宜《ヨロシキ》ニ順《シタガフ》テ進退スルヲ以テ小利貞亨ト云リ故此卦ハ内爻進ムニ不レ利止退《タイ》安静《アンセイ》ナルニ宜シ住家ニ辛労有テ怕心不安總《スベ》テ散《サン》財《ザイ》離《リ》別《ベツ》ヲ含《フクム》ト可レ知俄《ニハカ》ニ物《モノ》ノ間違《チガヒ》障《サハリ》有テ他ニ動《ウゴカ》シトスルカ或《アルヒ》ハ目下《メシタ》ノ者ニ付《ツキ》テ争論口舌《クゼツ》

ノ起《ヲコ》ルヿアリ間久シク續《ツヾ》キタルヿヲ廢シテ新規ニ之ヲ仕始《シハジム》ルヿノ意アレドモ急速《キウソク》ナルニ不宜時節ヲ窺《ウカヾヒ》テ事ノ靜《シヅカ》ナルニ利《ヨロ》シ此《コヽ》ニ離テ彼處ニ動キ一ツ定《サダマ》レバ又一ツ之ノ動意アリ

初見　安ニ驚動セザル時ハ上ノ助ヲ得ベシ
二姤　不正ナレバ女色ノ難有又住家ヲ離ルヲ主ル
三否　萬事平ニ安ニ動勿レ物ニ進ム時ハ後悔有
四斷　貞正和順ナレバ家慶榮昌アルベシ
五旅　信心堅固ナラザレバ大ニ愁苦損失アルベシ
六咸　人ノ異見ニ順ヘバ吉ナリ又我意利ヲ以テスレバ損
天時　雨日暮ニ終ニ降ルベシナ辰留酉ニ變テ日和ナル
願望　自己ノ心ノ間ナレバ遂ル二度ニ宜シ急ニ叶
待人　途中ニ障リ有テアリ亡氏初酉五ノ動ハ來ル
婚姻　始メ破談ニテ再調ノ此縁必ズ再縁ナルベシ
生産　辰午酉ノ日産無難ニ初五ノ動ハ女子ナルベシ
得物　宜シク止ルベシ散財シテ却テ之ヲ亡ニ
疾病　辯生ニヨリ大ニ危シ初四ノ變ハ長引治ス
醫師　東南ノ間ナル南ノ方ヲ求メテ長唐ノ醫ヲ宜シ
失物　急ニ求ム甚ナラバ終ニ不出西北ノ間辰午ノ方ニアリ

變宅　人ノ異見ニ付テ動ニ宜シ　宅ニ動ハ止ルベシ
旅行　見合スベシ途中ニ間違　アリテ道ヨリ歸ルベシ
賣買　表向ハ高キ様子ニテ　内證ハ下ル意より

訴訟　爭ニ利非ズ分ヲ守テ和　貴財ヲ和順ニ宜シ
仕官　今少シ待テ見ル處ナシ　口舌アリテ
高下　貴ルニヨミ下ルコト　有四六爻ハ走

走者　出タルハ戌亥ノ間寺　屋舗ヲタヅヌベシ
抱人　見合ニ宜シ十ノ所初四　六爻變ハ縁ナシ
不信心ナル人ハ目下ノ者ニ或　住居ニ善勞有ベシ

䷡

雷天大壯

大壯《タイサウ》者盛《セイ》大《タイ》也此卦ハ雷《ライ》ノ天上ニ在テ震《フルイ》其威聲《イセイ》遠近《エンキン》ニ畏《イ》驚《ヲドロカ》ス震ハ動キ乾ハ剛《ガウ》ナリ震ノ動ニ乾ノ剛《ツヨ》キヲ以テ四陽下ニ長《チヤウ》ジ二陰上ニ衰《ヲトロ》ノ依《ヨツ》テ盛《サカン》ナルモノ大也故ニ卦名ヲ大壯ト號《ガウ》盛大《タイ》也トハ諸《ショ》事《ジ》共《サキ》ニ而已《ノミ》心在テ却《カヘツ》テ前路《ヒロ》ニ大河ノ險阻有コトヲ

不知震乾ニ陽ノ剛躁ヲ以テ時勢ニ募リ強慢奢侈ニ□テ誅ヲ不容終ニ人離財散事皆月違テ白支凶兆《キヤウテウ》トス故ニ聖人是ヲ戒之

大壯利貞ト云リ此卦ハ貞正利順ナルニ宜シ不正短慮ニシテ人ノ異見《イケン》ヲ不用我意利口ヲ先トキハ大ニ仕損《シソン》ジ後悔《カウクワイ》ナルヿアリ慎《ツヽシ》ムベシ又住家ニ驚動《キヤウドウ》ノ㕝有カ金銀ノ損失《ソンシツ》心配《シンパイ》有ベシ親《オヤ》子兄弟或ハ夫婦ノ中ニ恨《ウラ》ミ怒《イカ》ルノ意アリ

初恒　舊常ヲ守テ貞ノ静ナルトキハ宜シ

上豊　貞正ニシテ喜ヲ慎マザレバ大ニ凶災有

三歸妹　物ノ間違ヨリ争論スルヿアルヘシ

四泰　他ノ異見ヲ守ル時ハ親シキ人ノ助ヲ得ル

五夬　貞ノ薄キ人ハ大ニ凶 愛離ヲ主トスト知ヘシ

上大有　貞明ニシテ貴上ノ物 異見ニ順フニヨロシ

天時　春冬ハ日和ナリ夏秋ハ雨又初四動ハ雷ナルヘシ
願望　初三五ノ變ハ貞正ナレハ叶フ外ハ凶トス
待人　遠有テ來ルニテナレ氐三四ノ變ハ來ラズ

婚姻　初四ノ動ハ調フヘシ其外ハ破談ナラン
生産　下卦動トキハ女ナラン上卦動トキハ男ナラン
得物　有ルヘシ　初二ノ變ハ得ルヘ

疾病　重ク長引ヘシ二五六ノ動ハ死スヘシ
醫師　北ノ方ニテ求ムベシ南ハ大ニ凶シ
失物　急ニ吟味セザレハ出カタシ西北ノ間

變宅　三五ノ變ハ大ニ凶ニ人ノ異見ニ順フヘシ
訴訟　早ク和談スルニ宜シ強情ナレハ理ヲ失フ
走者　他國ニ行トラン二五ノ變ハ口舌アリ

旅行　宜シカラス見合ヘシナレ𪜈春冬ハ不害
仕官　貞正ナル人ハ貴人ノ助ヲ得ノ交ナルヘシ
抱人　初四ノ變ハ宜ニ外ハ必ス縁ナシ

賣買　今マテト直ナラハ是ナリ高カルベシ
高下　高下ナシスハリナルヘシ末ニ少シ上ル
夢　驚動ノ事アラン諸事ツツシムベシ

䷢ 火地晉

晉者進也日ノ地上ニ出ルノ象《カタチ》暗《クラキ》ヲ出テ明ニ向ノ外明《アキラカ》ニシ

テ内順《ミダガ》フ明カニシテ順フトキハ百事吉ナラズト云フナシ昇進《シヤウシン》ノ吉兆《キツテウ》トス進ナリト雖《イヘ》ドモ一圖《ツ》ニ進ムニアラズ邪正《ジヤセイ》僞實《ギジツ》ヲ正《タヾ》シ寛《クワン》裕《ユウ》ニシテ進ムヲ吉トス此卦ハ貞明柔順ナレバ憂苦散解《ユウクサンカイ》シテ發達榮昌《ハツタツエイシヤウ》ヲ主ルト可知我意剛慢《ガウマン》ナレバ却《カヘツ》テ凶災アラン可慎家産《カサン》ヲ變《カヘ》ルカ住處《ヂウシヨ》ヲ動《ウゴカ》ントスルノ意アレドモ靜《シヅカ》カナルニ宜《ヨロ》シ性急《セイキウ》ナレバ親《シタシ》ミ破《ヤブレ》テ損失《ソンシツ》争《アラソヒ》アルベシ諸事《シヨジ》自己《ジコ》ノ意ヲ捨《ステ》テ老人貴上《ロウジンキシヤウ》ノ異見《イケン》ニ順フトキハ後必ス助力《ジヨリキ》ヲ得ルカ吉慶《キツケイ》アランス離別《リベツ》疎縁《ソエン》ノ人ニ再會《サイクワイ》スルノ意アレバ歸國《キコク》歸參《キサン》ノ類《ルイ》ハ大《タイ》

抵調《テイトウ》フナレモ人ノ惡《ニクミ》ヲ受《ウク》ルノ意アレハ高慢《カウマン》氣隨《キズイ》ナルヿヲ可
慎身ヲ革《アラタ》ノ支ヲ飾《カザ》ルノ意又一圖《ヅ》ニ氣ノ急《セク》ヿアラン

初噬嗑　物ニ進ミスキテ後損失多ナラン慎ベシ
二未濟　貞明ナレハ身ノ上ニ幸悦有ヘシ
三旅　始ノ宜シトイヱ𪜈後辛勞憂離ニヨ

四剥　住家ヲ變動スルヿ損失多ナラン慎ベシ
五遯　事ノ靜ナルニ宜シ性急ナレハ後悔有ヘシ
六豫　吉

天時　雨中ハ此卦ヲ得レハ晴レニ反ノ變ハ漢テ降レ
願望　未申ノ間ノ人ヲ頼テ通達スベシ
待人　來ルナレ𪜈二五ノ變ハカナラズ間違ベシ

婚姻　調　初三五ノ變ハ宜シカラズ調テ破レ
生産　書ノ中ニ産ム輕シ初産ハ男次ハ女トス
得物　信心深キ人ハ必ス丶得ベシ

疾病　急ニ不治老人ハ九死一生ナル丶
醫師　南ガ戌亥ノ間ノ流行ノ醫ヲ可頼
失物　高キ處ヲ尋ヘシ東ガ西南ノ間

變宅　動ニ宜シナレ𪜈三五ノ變ハ人ノ異見ニ付ベシ
訴訟　貞正ノヿハ必ス助アリテ勝ベシ
走者　先ニ世話人有カ故ニ急ニ出カタシ

旅行　貴上ノ人カ老人ノ連アラハ大ニ宜シ　仕官　貞明ナレハ吏必ス調フベシ　抱人　宜シナレ圧三四五ノ變ハ不久シテ去ル

賣買　次第ニ高ナルヘシ三四五ノ變ハ損失ス　高下　上ルヘシ利アリ買ニヨロシ　夢　天象カ立身ノ夢ナランン病人ハ死ス

䷣

坤火明夷

明夷《メイイ》者傷《ヤフ》也上六坤ノ地ニシテ外暗《クラ》ク下離《リ》火《クワ》ニシテ内明《アキラ》カナリ則チ日輪《リン》地中ニ入ルノ象掩《オホヒ》テ明徳《メイトク》ヲ傷《ヤブ》ル君子小人圧ニ凶兆《キヤウテウ》昔《ムカシ》文王ノ難《ナン》叢棘《ソウキヨク》ニ困《クルシ》ンデ三日不食聖《ヒイ》君子ト雖《イヘ》圧其患難《クワンナン》アルコト如此況ヤ今日不正《フセイ》ノ俗人《ゾクジン》ヲヤ故ニ利《ヨロシ》艱貞《カンテイ》ト云ヘリ宜ク其時義《ジギ》ヲ見合《ミアハセ》才徳《サイトク》ヲ晦《クラマ》シ智發《チハツ》ヲ不用ル時《トキ》ト知ルヘシ大

人ハ才徳《サイトク》ヲ以テ傷《ヤブ》リ小人ハ我意《ガイ》ト利口《リカウ》ヲ以テ己ヲ破《ヤブ》ル百事凶々タリ唯《タヾ》貞正和順《テイセイワジユン》ニシテ物ニ不進不動其恒《ツネ》トスル處《トコロ》ヲ守《マモツ》テ遠《トオ》キヲ思《オモヒ》憂苦《ユウク》ヲ近キニ求《モトム》ルヿ勿《ナカ》レ故ニ此卦ハ志望《シボウ》スル必ス破《ヤブ》レ物叓《モノゴト》不自由《フジユウ》ニシテ難義《ナンギ》迷惑《メイワク》ナルヿ有ベシ親《オヤ》子兄弟《コキヤウダイ》或ハ親《シタシ》キ人ノ為《タメ》ニ辛労《シンラウ》アルカ又住家ニ憂離驚動《ドウ》イアラン總《スベ》テ事ノ急速ナルニ利アラス靜貞《セイテイ》ニシテ時ノ至ルヲ待《マツ》ベシ久シテ後《ノチ》又發達慶榮有ヘシ必ス屈シ安《ヤス》ニ變動《ドウ》スルヿ勿《ナカ》レ小人婦女《フジヨ》ノ為《タメ》ニ怒《イカリ》ヲ發《オコス》ノ意アリ可慎性急《セイキウ》

不正ノ人ハ公難アルカ又病盗《ヘウトウ》ノ恐《オソレ》アリ可《ヘシ》防《フセク》

初謙　其舊常ヲ守テ動クヿ勿レ必ズ親キ人ノ助アリ

二泰　物ノ破レテ後ニ宜ク事ノ納ル意

三復　進退トモニ我意ヲ不出異見ニ順フヘシ

四豐　不明不正ノ人ハ作居ヲ去ルカ憂離アラン

五未濟　横合ヨリ物ノ隔テアレ𪜈後安シ

六賁　物ニ進ムトキハ大ニ損失後悔アリ慎ベシ

天時　曇テ終ニ雨可降若初六ノ變曇𪜈雨ナシ

願望　障有テ急ニ難叶強テスレハ損失爭有ベシ

待人　晩ニ辛勞ナルヿ出來テ終ニ來ラズ

婚姻　事破レテ調モ[illegible]縁合體面倒ナルヘシ

生産　初三四ノ變ハ驚有凡輕ニ其外ハ凶シ

得物　障有テ得カタシ其ヿ爭ヲツヽシムベシ

疾病　危シ二四ノ變ハ死ス初六ノ變ハ久シテ癒ス

醫師　度々醫ヲ替タル[illegible]ニ北ノ方ヨロシ

失物　西南ノ開カ物ノ下ヲ尋ヘシ急ニハ出テズ

變宅　不可動ナレ𪜈二三ノ變ハ宜シ外ハ可止

訴訟　長引テ急ニ埒明カタシ和談ニ宜シ

走者　急ニ不知ハ甚危シ未申ノ間ナレハ隠ル

旅行　見合スベシ初四六ノ變ハ行ニ凶シ障アリ

仕官　實情ノ人ハ調フモ𪜈急ニハ叶ハズ

抱人　下卦ニ變有ハキヽ目上卦ノ動ハ見合スベシ

賣買　舊キヲ守テ我意ニ任スヿ勿レ間違アラン　高下　見カケ宜シクシテ次第ニ下ル　夢　不信心ナル人ハ不計損失スル力愁アルベシ

䷤ 風火家人

家人《カジン》者同也、家《カ》ノ主《シユ》タリ内明《ウチアキラ》カニシテ外順《ホカジユン》ナリ九五六二ノ男女《ナンニヨ》内外《ナイグワイ》各正位《オノ〳〵セイイ》ヲ得タリ故ニ家人ハ利《ヨロシ》ニ女《ジヨ》貞《テイ》ト云ヘリ脩身《シユウシン》齊家《セイカ》ノ道《ミチ》ニシテ己《オノレ》ヲ正《タヾ》シ而後《シカフシテノチ》ニ治國《チコク》平天下《ヘイテンカ》ニ至《イタ》ル内明カニシテ出テ外ニ順《シタガフ》ノ時ハ百事吉兆《キツテウ》トス此卦ハ貞明《テイメイ》柔順《ジウジユン》ナル人ハ必ス貴上《キジヤウ》ノ親愛《シンアイ》ヲ得《ウ》ルカ何レ身《ミ》ノ上ニ吉慶《キツケイ》アルベシ又不正《フセイ》短慮《タンリヨ》ノ人ハ舊產《キウサン》ヲ破《ヤブ》リ住居《スマイ》ヲ動《ウゴカス》カ或ハ親《シタ》シキ人ト争《アラソ》フヿアリ慎《ツヽシ》ムベシ又金銀ノ散失《サンシツ》スル丁有是《コヽ》ニ離《ハナ》レテ彼《カシコ》ニ依《ヨ》ラントスルノ意《イ》身《ミ》ヲ飾《カザ》ルカ表向《オモテムキ》ヲ張《ハ》ルノ意婚姻《コンイン》養子《ヨウシ》等ノ世話苦労《クロウ》可レ有婦人ニ付テ悦《ヨロコビ》アレドモ又物《モノ》ニ疑惑《ギワク》スルノ意

初漸　貞正和順ナレハ家慶アルベシ

二小畜　目下ノ者ニ付テ心労アラン慎ムヘシ

三益　吉

問人　舊跡ヲ守ルトキハ幸悦アリ

五賁　家内ニ人増丁アラン普請ナドスルニ吉

旣濟　口舌争フ丁アリ物損失ヲ含ム

天時　曇リテ雨不降春夏ハ晴ル

願望　貴上ノ人ヲ頼ニヨロシ

待人　連アリ来ルベシ午ノ日ヲ待

婚姻　吉

生産　安産ナルヘシ大抵女子ナルベシ生産巳午ノ日

得物　南東ノ方ニ利アリ宜シ外ハ得ガタシ

疾病　自病ノ發シニテナガシ信ニスベシ

醫師　住居ヨリ東南ノ方ノ老醫ヲ頼ムベシ

失物　辰巳午ノ方ニアルベシ急ニ出ガタシ

變宅　貞明ナレハ次ニヨロシ　訴訟　人ノ異見ニ付順テ宜シ勝ナルヘシ　走者　遠方ニ行クアリ東南ノ方

旅行　連有トキハ宜シ　仕官　南ノ方ノ人ヲ頼テ宜シ夏ハ障アリ　抱人　婦人ハ宜シ男子ハ見合スベシ

賣買　急ニ利ナシ後ニヨロシ性急ナレハ損　高下　性急ナリニ凶シ後次第ニ上ルベシ　夢　出家カ婦人ニ付テ故障ノコアルベシ

☲☱

火澤睽

睽者乖《ソムク》也離《リ》火ノ性《セイ》ハ上リ澤《タク》ノ性ハ下ル中少ノ二女同《トウ》居《キヨ》シテ而《シカ》モ志同カラズ事皆《ミナ》相背キ違《タガ》フノ義ナリ〳〵離ハ財《ザイ》散《サン》シ内外背キ違テ自《ジ》他ノ志不合ハシテ憂困離絶ヲ上ルト知ベシ大事ハ非吉小事ハ和平義順ナル時《トキ》ハ吉トス此卦ハ物《モノ》事可慎

シカラサレバ君臣夫婦父子兄弟ノ中ニ餘義《ノキ》ナキ爭有カ或ハ住居《ヂウキヨ》ニ付《ツキ》テ辛勞《シンロウ》疑惑《ギワク》ナルヿ有可《ヘシ》防《フセク》彼《カレ》ニ背《ソム》キテ此ニ親ミヽ或ハ物《モノ》ヲ見《ミ》テ是非《ゼヒ》ヲ爭《アラソフ》ノ意俄《ニハカ》ニ物《モノ》ノ間違《マチガヒ》有テ恨《ウラミ》怒《イカ》ルノ意有人《ヒト》ノ異見《イケン》ニ付テ宜《ヨロ》シキ事アレドモ不《ザル》用《モチヒ》ノ意アリ物ニ隔《ヘダテ》有テ思《オモ》フ事《コト》ノ難《ガタキ》成《ナリ》カ或ハ讒言《ザンゲン》ニ逢《アフ》カ色情《シキジヤウ》ニ依《ヨリ》テ久シキヿノ破レル意義理《ギリ》ヲ捨《ステ》テ身《ミ》ヲ達《タツ》セントスル又住居ヲ離《ハナ》レテ事《コト》ヲ望《ノゾム》ノ意アレドモ不叶何事モ令暫《シバ》ラク時節《ジセツ》ヲ待《マチ》テ宜《ヨロ》シ

初未濟　人異見ニ順フトキハ宜シ口舌ヲ慎ヘシ
二噬嗑　親シキ人ト不和ニテルカ出入ノヿ起ルヘシ
三大有　吉
四損　不圖損失アラン又[illegible]情ヲツヽシムヘシ
五履　舊常ヲ守テ何事ニモ新規ヲ見合スヘシ
六歸妹　婦人ノヿヨリ争起ルヘシ
天時　雨フルヘシ午ノ日晴ル
願望　間違有テ叶フヿナシ
待人　目上ノ人ノ氣ニ背キ來リカタシ
婚姻　再縁ハヨロシ初縁ハ見合スベシ
生産　女ナルヘシ酉午ノ日トランシ少驚キアリ
得物　急クトキハ得カタシ
病疾　女ハ輕シ男ハ重シ信心深ケレハ全快ス
醫師　西南ノ方ノ醫ヲヨシトス
失物　隱者カ女ノルイニタヅヌベシ
變宅　目上ノ婦人ニ付テ口舌争論起ル凶シ
訴訟　間違事多ミ和順ナルニヨロシ
走者　神社邊カ婦人ノ縁ニヨルヘシ
旅行　見合スヘシ途中テ障リアリ
仕官　夏秋ハ調カタミリハリ多シ
抱人　半途ニ口舌争論アリ見合スヘシ
賣買　舊常ヲ守ル宜シ人ニ順フトキハ利アリ
高下　春夏ハ下ルヘシ秋ハ上ルヘシ
夢　ヘト争フカ又ハ損失スルヿアラン

䷦ 水山蹇

蹇《ケン》者難《ナヤム》也坎《カン》險《ケン》前《マヘ》ニ在テ艮山《ゴンザン》止《トヾ》テ進《スヽ》ム丁不能《アタハ》又體《テイ》皆艮《ゴン》山ニシテ止《トヾマ》リ用《ヨウ》ハ坎水《カンスイ》ニシテ流《ナガ》ル其體《テイ》不動《ウゴカ》シテ流レ行《ユク》叓《コト》ヲ思ヿ故《ユヘ》ニ蹇《ケン》ハ難《ナン》《ナヤム》也ト云來《ライ》《キタル》往《ワウ》ヿニ凶トス止靜《セイ》ナルニ利《ヨロ》シ我意《ガイ》利口《リコウ》ヲ捨《ステ》テ宜ク正智《セイチ》ノ人ニ順《シタガフ》時《トキ》ハ蹇《アシヒ》キ難《ナヤ》ムト云トモ不久シテ助《タスケ》アラン西南ハ吉ニシテ蹇《ケン》難《ナン》ヲ出東北ハ凶ニシテ益《マス》危急《キキウ》ニ入ル此卦ハ百叓已ヲ慎《ツヽシ》ミ舊《フルキ》ヲ守《マモリ》テ輕《ケイ》速《ソク》ニ變《ヘン》ズルニ不利動《ウゴカ》ハ必ス患難《ナン》財《ザイ》失《シツ》アラン可慎又住居不安物ニ不

足有テ氣《キ》兼《カチ》心外ナル意《イ》親シキ人ノ爲《タメ》ニ金銀ノ損失《ソンシツ》有

カ又ハ病《バウ》苦《ク》又ハ西南ノ人カ或ハ老人《ロウジン》貴《キ》人《ニン》ニ順《ミカタ》フ時《ドキ》ハ親《シン》愛《アイ》

ヲ得テ幸《コウ》慶《ケイ》可有氣ヲ急《セ》クホド事ノ難《ガタキ》成《ナリ》意《イ》物《モノ》ヲ作

見《ミ》手《テ》差《ザン》ノナラス意

初既濟 初ハ辛勞多シ後ハ大テイヨロシ

二井 舊キヲ守テヨロシ 妄リニ動クアシヽ

三比 貴上ノ人ニ順フニヨロシ

四咸 吉

五謙 親類縁者世話ヿ有カ物入アルヘシ

六漸 性急ナルトキハ凶シ 信心ナレハ後ニ吉

天時 暴トモ急ニ降ラス 子未申ノ日ニ雨アラン

願望 成就シガタシ

待人 不來

婚姻 中途ニ間違アリ 急ニ調カタシ

生產 初產ハ長引ヘシ 男子ナルヘシ

得物 得カタシ

疾病　九死一生ナルベシ腰ヨリ下ノ病　醫師　北東ノ方宜シ　失物　水邊ニヨルヘシ急ニ出ガタシ

變宅　不宜見合ベシ　訴訟　住處ノ爭ヿカ賣買ノ取引アルベシ凶　走者　遠方ヱ不行後ニ先ヨリ知レベシ

旅行　夏秋ハ見合スヘシ冬春ハドレモ連有バ吉　仕官　首尾宜ドモ永仕ナラズ　抱人　老人ハ宜シ若者ハ見合ニヨロシ

賣買　急ニ利ナシ油斷ナレバ損失多シ　高下　油斷ナラズ下ル四又ノ變ハ上ルベシ　夢　神社寺堂ヱ參詣ナトスルニ宜シ

雷水解

解《カイ》者散《サン》《チル》也釋《セキ》《トク》ナリ險《ケン》難《ナン》ヨリ出テ惡《アク》事《ジ》消《キヘ》散《サン》ジ雨《ウ》雷《ライ》作《オコ》リテ屈《クツ》シタルモノ伸《ノ》ビ鬱《ウツ》シタルモノ開《ヒラ》キ草《サウ》木《モク》折《ヲリ》ヲ得《エ》蟄《チツ》虫《ナウ》穴《アナ》ヲ出《イデ》テ遊《アソ》ビ魚《ウヲ》網《アミ》ヲ逃《ノガ》レ籠《ロウ》《カゴ》鳥《テウ》空《ツラ》ニ歸《カヘ》リ罪《ザイ》遷《セン》アル者宥《ユウ》赦《シヤ》《ナダメユルス》ヲ得ル總《スベ》テ

患《クワン》難《ナン》解《カイ》散《サン》ノ兆百事《ヒヤクジ》發《ハツ》達《タツ》ノ時《トキ》ナリ此卦ハ蹇《ケン》難《ナン》ニ屈《クツ》シテ今此《コヽ》ニ至《イタリ》テ憂《ユウ》苦《ク》解《カイ》散《サン》シテ人モ吉《キツ》事《ジ》ニ向《ムカ》フ時《トキ》トスレドモ物支《モノゴト》猶《ユウ》豫《ヨ》怠《ヲコタリ》ナレバ却《カヘツ》テ發《ハツ》達《タツ》ノ時《トキ》ヲ失《ウシナ》ヒ仕《シ》損《ソン》ジ後《コウ》悔《クワイ》スルヿアラン可《ベシ》慎《ツヽシム》事《コト》ヲ求《モトメ》望《ノゾム》ノ類《ルイ》邪《ジヤ》正《セイ》順《ジユン》逆《ギヤク》ヲ正《タヾ》シ事《コト》ノ速《スミヤカ》ナルニ宜《ヨロ》シ又油《ユ》斷《ダン》ヨリシテ事ヲ誤《アヤマ》ルノ意《イ》他所他國《タコク》ノ人ヲ相手取《トル》カ或ハ住居《キヨ》ヲ離《ハナ》レテ事《コト》ヲ起《オコ》サントスルノ意《イ》不圖《フト》親シキ人ト離《リ》別《ベツ》スルカ或ハ无益《ムエキ》ノ事ニ散財《サンザイ》スルノ意《イ》向《ムカ》フヘハト急《イソゲ》ドモ足下《ソクカ》ニ余義《ヨギ》ナキ世話《セワ》ヿ有ノ意不圖《フト》シタル支ヨリ親《シタシ》ク力《チカラ》ヲ得《ウ》ルノ意アリ

初歸妹 不圖爭口舌ノ起ルヿアラン
二豫 家内親類ノ中ニ表向ノ悦ヿアリ
三恒 舊常ヲ守テ宜シ性急ナレハ女ニ心勞アリ
四師 時節ヲ見合スヘシ人ト爭フヿアラン
五困 愼ミ謹キ人ハ盜難病損アリ信心スヘシ
六未濟 物吏心掛リナルヿアラン急安心ナラズ
天時 雷雨アラン午ノ日晴ルナルベシ
願望 東ノ人ヲ頼ニ宜シ通達スベシ
待人 連有テ來ルヘシ婦人ハハヤシ
婚姻 調フベシ三爻ノ變ナレハ別テ宜シ
生産 初産男次ハ女トス夜中ハ少シ障アリ
得物 貞正ナレハ得ヘシ
疾病 急ニ治シカタシ神社ヲ祈ルベシ
醫師 辰巳ノ間ノ老醫ヲヨシトス
失者 高キ處ニテ水邊ニヨルベシ何レヨハシ
變宅 動ニ宜シ四六ノ變ハ人ノ異見ニ付ベシ
訴訟 貞正ニシテ我意ヲ不出トキハ勝ヘシ
走者 婦人ノ爲ニ急ニ出ガタシ
旅行 目上カ老人ノ連アルニヨロシ
仕官 貞明ナレハ宜シ
抱人 宜シナレ𪜈不少ハシテ女難アラン
賣買 油斷ナルトキハ損失ヲ招クヘシ
高下 上ル様子ニシテ急ニ不止夏ハ下ルベシ
夢 雨カ水邊夢ニラシ病人ニハ凶シ

山澤損

損《ソン》ハ益《マス》也山下《サカ》ニ澤水《タクスイ》有《ア》リ山《ヤマ》ニ草木《サウモク》アレバ山下ノ澤水自《オノヅカ》ラ涸ル是《コレ》下《シモ》ヲ損《ソン》シテ上《カミ》ニ益《マ》ス下《シモ》カレテ上亢《アガ》ルノ象《カタチ》己《オノレ》ヲ損《ソン》シテ人ニ益《マ》シ人欲《ジンヨク》ヲ損《ソン》シテ孚《マコト》ヲ存《ソン》ス始《ハジ》ノ損《ソンス》トイヘドモ後《ノチ》必益《エキ》スルノ義《ギ》也君子ハ仁義ニ損《ソン》シテ誠《マコト》ヲ存《ソン》ス小人ハ眼前《ガンゼン》ノ利《リ》益《エキ》不成《サレナラ》バ不進《スヽマ》損害《ソンガイ》其身《ソノミ》ニ求《ヒト》ム華《クハ》美《ビ》存《ソン》シテ質素《シツソ》ノ孚《マコト》ヲ存スル時《トキ》ハ損《ソン》ノ至善《セン》ニ叶フ後大ニ益《マ》ス故ニ其占《セン》亶《ウラナヒ》ト其人ノ正《セイ》不正《フセイ》ニ依《ヨツ》テ皆《ミナ》凶《キヤウ》己《オノレ》ニ招《マネク》ノ兆《キザシ》此卦《コノクハ》ハ宜《ヨロ》シト雖《イヘ》ドモ我《ワレ》損《ヘリ》テ他《タ》ノ不足《フソク》ヲ恵《メクム》

己《オノレ》労《ロウ》シテ人ニ益スルノ卦トレバ親疎ニ不限家事《カジ》ニ世話苦労ナルヿ可有物事急ニ難調性急短慮ノ人ハ必《カナラ》ズ半途ニシテ事破レ難義迷惑スルヿアリ貞正安逸《アンイツ》ナル時ハ不久シテ

親《シタ》シキ人ノ力《チカラ》ヲ得《ウ》ルノ意《イ》アリ内証ニ事《コト》ノ入組《イリクミ》テ難解《カタキケシ》ノ理女難《ヂヨナン》ヲ可防《フセク》人ニ隠《カク》シテ心中ニ思《オモヒ》アレ圧難《カタキ》言《イヒ》ノ意先《イサキ》ニ苦ミ後《ノチ》ニ説《ヨロコ》ブノ義《ギ》アレバ何事モ時義ノ宜《ヨロシキ》ヲ待ベシ

初蒙　性急短慮ナル　凶ニ次第ニ宜シ

二頤　吉

三大畜　物事宜シキ様子　ニテ急ニ埒明カズ

四睽　人ト口舌争論起　少意ニハ慎ベシ

五中孚　静ナルニ宜シ妄リニ　變動スル𪜈ハ凶

六臨　万事ニ望ム志多シ　退テ宜シ進ニ凶

天時　天氣ニナルベシ丑寅ノ日ニハ雨降ル
願望　勞シテ功ナシ心信ナルトキハ貴人ノ助アリ
待人　來ルベシ婦人ハ來ラズ間違多シ

婚姻　再縁ナレハアシヽ初縁ハ吉
生産　月延ルヿアルナレモ安産ナルベシ
得物　目上ヨリノ事ナレハ得ル目下ハ不得

疾病　古疾アリ急ニ治シガタシ
醫師　西北ノ方ニテ有髪ナトノ醫ヨロシ
失物　物ノ下ニアリ急ニ出ガタシ心安ク尋ベシ

變宅　此家ハ水邊ナルベシ利ハ有ニ後ニ凶
訴訟　和順ナルベシ
走者　婦人ニテ出ルナレモ遠ク不行

旅行　旅中ニテ病難アラ女ノ人ハ災アリ
仕官　人ノ助ヲ得テ宜シ少シ損失アリ
抱人　年限ノ短キハ凶シ長年ナレハ吉

賣買　性急ナレハ凶シ後利ヲ得ル
高下　トルヿ多シ二爻ノ變ハ少シク上ル
夢　盜難ナトニアフヿヲ用心スベシ

䷩ 風雷益

益者損上ヲ損シテ下《シモ》ニ益《マス》風《フウ》雷《ライ》互《タガヒ》ニ助益《タスケコス》善《ゼン》ヲ見テ遷《ウツ》リ

過《アヤマリ》アレバ則改《アラタ》ム是《コレ》君子已《ヘテ》ニ益スノ道也小人ハ利ニ動《ウコイ》テ過《アヤマチ》ヲ不《ズ》改《アラタメ》故《コ》ニ凶《キヤウ》患《クワン》危《キ》災《サイ》ニ苦《クルシ》ム我《ワレ》動《ウコイ》テ彼《カレ》ニ順《シタカ》フノ象《カタチ》住《ヂウ》處《シヨ》アルニ利《リ》シト云《イ》ヘリ其《ソノ》順《シタカ》フ處《トコロ》貞《テイ》正《セイ》ナル時ハ宜シト百事《ヒヤクジ》我意《ガイ》ヲ以テ動《ウコツ》ニ不《ズ》利《リツ》人ト共ニ事ヲ計《ハカ》ルニ吉トス又風雷起《オコリ》テ物ノ満《ミチ》溢《アフル》ルノ義ナレバ剛《コウ》情《セイ》氣《キ》随《ズイ》ノ人ハ必ズ災《サイ》害《カイ》ニ遇《ソ》フ意有可慎此卦ハ物事間《マ》違《チカヒ》有テ住《チウ》居《キヨ》心《シン》身《ジン》共《トモ》ニ安《アン》氣《キ》難《カタシ》成《ナリ》不《フ》圖《ト》シタルヿヨリ口《ク》舌《ゼツ》争《ソウ》論《ロン》スルカ或ハ親《シン》シキ人ノ心《コロ》変《ヘン》ジテ俄《ニハカ》ニ恨《ウラ》ミ怒《イカ》ルノ意アリ可慎印《イン》形《ゲウ》書《カキ》物《モノ》ノ類《ルイ》ニ付《ツキ》テ苦《ク》労《ロウ》ナルヿアリ

危《アヤウ》キヲ知テ今ヤヽト身ヲ思《オモ》フノ意何事ニモ性《セイ》急《キウ》短《タン》慮《リヨ》ヲ不《ズン》レ慎《ツヽシマ》バ近《チカ》キニ驚《キヤウ》動《ドウ》スルヿアラン舊《フル》キヲ守《マモリ》テ事ノ靜《シヅカ》ナルニ宜《ヨロ》シ急《イツ》ガバ人ノ爲ニ難《ナン》儀《ギ》迷《メイ》惑《ワク》ナルヿ可レ有物《モツ》ノ便《タヨリ》ヲ待《マツ》カ又他《タ》處《シヨ》ノ人ヲ相《アイ》手《テ》取《ドリ》テ事《コト》ヲ起《オコ》ス意

初觀　性急ナルニ不宜貞　明ナレハ貴人ノ助アリ

二中孚　色情ヲ慎ムベシ安　リニ人ニ順ヘハ凶

三家人　舊常ヲ守テ新規ノ事ヲ見合スベし

四无妄　妄リニ事ヲ改ニ凶慎　シフキ人ハ損害アリ

五頤　吉

六屯　物事始アレドモ後ニ漸長ナレハ總テ吉

天時　俗ニ云フアフラアリ　後ニ晴レヘシ

願望　婦人ノ縁ニ依テ成　ヘアリ東ノ方吉

待人　連アリ來ルベシ　卯ノ日ヲ待ベシ

婚姻　此縁ハ宜シ初縁ハ急ニナリカタシ

生産　安産ナルベシ初ハ女次ハ男辰巳ノ日ナルベシ

得物　得ベキナレ共半ヲ得

疾病　サカンニメ長引ヘシナレバ治ス　醫師　春夏ハ辰巳ノ方醫ヲロシ秋冬ハ角ノ方ヨロシ　失物　出ル夏ハ早シ冬ハ急ニ出ガタシ

變宅　信心ナレハ後ニ吉家業繁昌ス　訴訟　目上ノ老人ニ順フテ吉人ノ異見ニテ間違有　走者　女人ノ為ニ出ルフアリ後ニ先ヨリ知ル

旅行　東ノ方ハ宜シ北ノ方ハアシヽ大抵見合ベシ　仕官　故主ナトヘ歸参ナレ〳〵性急ナレハ邪魔入アリ　抱人　婦人ハ宜シ男子ハ短氣ナルベシ

賣買　人ニ順フテ大ニ利ヲ得我意ナレハ損ス　高下　急トキハ凶シ何レ上ルベシ大利ナシ　夢　繁昌ノ場處カ高山ナトヘ登ルフ有

䷪　澤天夬

夬《クワイ》ハ決也潰《ツブス》ナリ一陰五陽ノ上ニ在テ其勢《イキホ》ヒ今ヤ危《アヤウキ》ノ象《カタチ》五陽一陰ヲ決ス剛強ナレバ事ヲ破《ヤブ》リ身ヲ害《ガイ》ス貞正温和ナレバ平ニシテ咎《トガ》ナシ此卦ハ百事凶兆《キヤウテウ》我《ガ》意《イ》ヲ以テ人ノ諫ヲ不用

人ハ災害《サイガイ》離絶《リゼツ》ヲ招《マネ》クト可知住居《ヂウキヨ》ニ心身落付《ヲチツカ》ズ産業《サンギヤウ》ヲ破《ヤブ》リ或ハ親《シタシ》キ人ニ離《ハナ》レ後悔難澁《ナンジウ》ナルヿ可有物事小退《シリゾイ》テ時ヲ見《ミ》合ニ宜シ性急《セイキウ》ナレバ大ニ凶トス二ツ一ツト物ノ通クル意此ヲ離《ハナレ》テ可如何ト心中ニ憂苦《ユウク》甚《ハナハダ》シ宜ク人ノ異見《イケン》ニ順《シタガ》ノ時ハ破《ヤブレ》テ又事ノ調フノ意不思ニ深入《イリ》スルカ或ハ言出シタルヿノ今更難引ノ意

初大過 凶　　二革 目上ノ人ニ順フテ事ヲ改替テ宜シ　　三兌 婦人ニ付ノ悦ヿアリ [illegible]

四需 時節ヲ待ベシ性急ナルハ凶秋ハ宜シ　　五大壯 不正明ハ住居ニ愁離驚動アラン　　六乾 貞明和ナルニ宜シ貴人ノ助ヲ得ル

天時 朝霞ノ如ナルヿ有後ハ日和ナルベシ　　願望 借カ婦人ヲ以テスルトキハ早シ　　待人 不来急ニ障アルベシ借女ハ来ル

婚姻　不宜无理ニ為ス時ハ大ニ後悔ナルヿアリ　生産　初ハ女子次ハ男子ノリ少シ障リアラン　得物　急ニ出ガタミ信心貞正ナルトキハ少得

疾病　頭ノ病カ何レ逆上ノ症ニテ長引ヘシ　醫師　西北ノ老醫カ有髪ナトノ人宜シ　失物　出カタシ西北ノ方ニ有婦人ヲ尋ヌベシ

變宅　大抵宜シ別而信心ナルトキハ後榮昌ス　訴訟　貞明ニ取計トキハ勝トナル人ノ異見ニ付ヘシ　走者　急ニ知レガタシ高キ地所ヘ行

旅行　連有ハ宜シ一人ナラハ見合スベシ　仕官　不宜後間違損失ヲ生ルト知ルベシ　抱人　中年以下ノ人ハ宜シ以上ハ不宜後損アリ

賣買　舊常ヲ守テ宜シ取引何事モ凶　高下　しれつトナシ返テ損失アラン　夢　高山カ又神社ヲ見ルミロ舌争ヲツヽシムベシ

䷫ 天風姤

姤《コウ》者遇《アフ》也一陰《イン》内《ウチ》ニ主《シユ》ト成《ナリ》テ五陽《ヤウ》ニ遇《ア》フ一婦《フ》五男ニ遇《アフ》ノ象《カタチ》不貞《テイ》ノ如シ遇合ト云ヿ正義《セイギ》ニ非ズ邪義《ジヤキ》不貞ニシテ相遇

女壯《サカン》ニシテ男弱《ヨハ》ク一陰ニシテ終《ツイ》ニ五陽《ヤウ》ヲ剥《ハ》グ姤《コフ》ノ時《トキ》宜《ヨロシ》ク戒《イマシ》メ愼《ツヽシ》ンデ剥《ハク》ニ至《イタ》ラザルノ患《クワ》災《サイ》ヲ可避《サク》此卦《クハ》ハ物事《ヒノゴト》始《ハジメ》終《スヘリ》不定《サダマラ》彼《カシコ》ニ離《ハナ》レテ是《コヽ》ニ依《ヨ》リ始《ハジ》メ親《シタシミ》ンデ後《ノチ》ニ疎《ウト》ンズ怠《タイ》慢《マン》猶《イウ》豫《ヨ》シテ事《コト》不決《ケツセ》必ズ仕《シ》損《ソン》ジ有テ後悔《コウクワイ》スル一有ベシ余義《ヨギ》ナキ事ヨリ争《ソウ》論《ロン》口《ク》舌《ゼツ》ノ起《タツ》ル意《イ》物《モノ》ニ疑《ギ》惑《ワク》有リテ自《ミヅカ》ラ事《コト》ヲ誤《アヤマ》ルノ意《イ》不《フ》圖《ト》シタル一ヨリ入魂《ジユコン》ニナルノ意《イ》住《ヂウ》居《キヨ》ヲ變《ヘン》テ事《コト》ヲ望《ノゾム》ノ意《イ》見《ミ》合《アハス》ニ宜《ヨロ》シ物《モノ》ノ始《ハジメ》メハ様《ヤウ》子《ス》安シク其義半《ナカバ》ニ至《イタリ》テ事ノ難《ガタキ》成《ナリ》ノ意《イ》女難ヲ可防《フセグ》諸事《シヨジ》隱者婦人ヲ以テ計《ハカ》ルニ宜《ヨロ》シ男

八凶《キヤウ》ニシテ女ニ宜《ヨロシ》キノ理《リ》又藝能《ゲイノウ》有《アル》人ハ寵愛《チウアイ》セラル丶ノ意

初乾　貴人ニハ吉中以下ノ人ハ萬事見合スベシ
二遯　貞明ニ舊産ヲ守テ吉妄リニ進ムベカラズ
三訟　不計親類縁者ニ口舌争論起ルコト有

四巽　心定リガタキ意アリ性急ナレバ家内ニ心勞アリ
五鼎　物更新ニ定ルコトアリ堅固ナル人ニハ吉
六大過　我意ヨリ身ヲ落シ又災害アラン

天時　曇リテ風アリ春夏ハ後雨降ル
願望　今暫ク見合スヘシ性急ナレハ後障アリ
待人　來ルモオソシ目上ノ人ニ氣象有テ日間トル

婚姻　調フトモ後ニ障アリ見合スヘシ
生産　半途ニテ障リアリ信心スベシ
得物　得カタシ

疾病　大切ナリ風ノ内ヘ含タル病外邪多シ
醫師　戌亥ノ方ノ老醫ヲモトムベシ
失物　出カタシ戌亥ノ方

變宅　不宜舊常ヲ守テ吉妄リニ動クヘカラズ
訴訟　勝利ナシ内濟ニ宜シ我意ナレハ凶シ
走者　余義ナキ人ハ事ニ出ルコトアリ出カタシ

旅行　遠方ハ不宜近クハ行クベシ
仕官　見合スヘシ後々女難ナリ
抱人　見合ニ吉計ラザル出入アリ

賣買　賣ニ利アリ念ヲ入ザレバ損失アリ　高下　動ガタシ次第ニ下ルヿ多シ　夢　仕官スルカ又事ヲ改メ替ル意アラン

䷬ 澤地萃

萃《スイ》ハ聚《アツマル》也上兌《ダ》ニシテ説《ヨロコ》ビ下坤《コン》ニシテ順《シタガフ》也内順《ジユン》ニシテ説《ヨロコビ》外《ホカ》ニ顯《アラハ》レ祭祀《サイシ》ノ吉占《セン》也百事吉ニシテ不通《ツウゼ》ズト云ヿナシ然レドモ物《モノ》聚《アツマ》レバ亂《ミダ》レ人聚《アツマ》レバ爭《アラソ》フ占者《センシヤ》此義ヲ判斷《クワツダン》スベシ君子ハ才《サイ》徳ニ聚リ小人ハ利欲《ヨク》色《シキ》酒《シユ》ニ聚ル故ニ其聚會スル所《トコロ》正《セイ》不正《フセイ》ニ依《ヨリ》テ吉凶是《コレ》ニ順《シタガ》フ此卦ハ貴賤聚會《クワイ》シテ市《イチ》ヲナス如《ゴト》ク物《モノ》ヲ繁昌《ハンジヤウ》スルノ意アレ共性急《セイキウ》短慮《タンリヨ》ナレバ口舌《クゼツ》爭

論《ロン》スルカ或ハ小人婦女ノ為《タメ》ニ隔《ヘダテ》有《アリ》テ事ノ難成《ガタクトナル》ノ意《イ》物聚《モノアツマル》ト思ヘバ散《チ》リ又散《チ》ルト思ヘバ聚《アツマル》ノ意《イ》君臣《クンシン》父子《フシ》夫婦《フウフ》ノ中《ナカ》ニ思事《オモフコト》有《アリ》テ心《コヽロ》ノ落付《オチツキ》ガタキノ意《イ》親《シタシ》キ人ニ別《ワカ》レ又離《ハナ》レタル人ニ寄添《ヨリソウ》ノ意《イ》アリ壮若《ソウジヤク》ノ人ハ色情《シキジヤウ》ヲ慎《ツヽシム》ベシ

初随　目上老人ニ順ヿニ宜シ不レ計ニ女難アラン

二困　不正明ナレハ愁離盗難ヲツヽシムベシ

三咸　婦人ノヿニテ悦ト損失ト両様ヲ主トル

四比　安静ナルニ宜シ性急ナレハ人ト争ヲ主ル

五豫　吉

六否　萬事間違多シ又親シキ人ト不和ナトアル

天時　曇ルヘシ急ニ雨ナシ又風アリ

願望　急ニ成リカタシ出家又老人ヲ頼ムニ宜シ

待人　来ルヘシナレ𪜈不正ノヿハ間チカヒナシ

婚姻　相對ヿ多シ不宜中立有テ正實ノヿハ宜シ

生産　安産ナルヘシ初産ハ少シ障リアラン

得物　少シク得ヘシ急ニハエカタシ

疾病　食傷ナトノ意アリ　腹中ノ疾多シ
醫師　西北ノ醫宜シ又　藥違ノ事アリ
失物　出ガタシ一人ニアラズ　未申ノ方ヘ出

變宅　望ミ多シナレモ始終　不宜見合スベシ
訴訟　人々ノ異見マチマチニテ　利ヲ失フ事アリ
走者　連ニ誘ハレ有ルベシ　何レ繁昌ノ處

旅行　連有テ行トキハ宜シ　女難ヲツヽシムベシ
仕官　其身ノ利口ヲ出トキ　ハ却テ名目ニカヽル
抱人　様子宜シク後不圖　女難起ル人ナリ

賣買　人ノ為ニ損失多シ　用心スベシ
高下　上ゲ下ゲナシ返テ　油断ナル時ハ下ル
夢　多ク人ノ集ル事ヲ　見ルベシ損失アラン

䷭ 地風升

升《シヤウ》者《ハ》進《シン》也登《ノボル》ナリ木地《チ》中《チウ》ニ在《アリ》テ漸《ザン》長ニシテ發起《ハツキ》シ終《ツイ》ニ大《タイ》木《ボク》トナルノ象《カタチ》進《シン》昇《シヤウ》ナリト云モ遽《ニハカ》ニ進《ス》ムニ非ズ又十合ヲ升ト云フ十度《ド》用ヒテ升トス皆漸《ゼン》長《チヤウ》順路トナルノ義也内巽ニシテ

順《ジユン》也外《ホカ》坤《コン》ニシテ人柔順《モノヤハラカ》也是《コレ》順道《ダウ》ナル故《ユヘ》ニ能《ヨク》其高大《カウダイ》ヲ為《ナ》

昇進《シヤウシン》ノ吉兆《キツテウ》百事順正《ジユンセイ》ナル時ハ吉トス物事《モノゴト》性急《セイキウ》ナレバ大ニ事ヲ破《ヤブ》リ却《カヘツ》テ難義《ナンギ》迷惑《メイワク》ナルヿアラン静《シヅカ》ナルニ宜《ヨロ》シ親類兄弟《ダイ》或《アルヒ》ハ夫婦《フウフ》ノ中《ナカ》ニ争《アラソ》ヒ有《アル》カ世話《セワ》苦労《クラウ》ナルヿ有順《アリジユン》ヲ捨《ステ》テ逆《ギヤク》ニ走《ハシ》ルノ利《リ》有《アリ》可慎《ツヽシム》人ニ隠《カク》シテ心中《シンチウ》ニ物《モノ》ヲ疑《ウタガ》フノ意《イ》何《ナ》ニトナク住家《ヂウカ》ニ気《キ》ノ動《ウゴ》ク意《イ》今ヤ今ヤト物《モノ》ヲ待《マツ》遠《トヲ》キノ理《リ》アリ

初泰　吉

二謙　貞正和順士ハ家齊榮名アリ

三師　其舊産ヲ守ニ安ニ變動スルニ勿レ

四恒　家内縁談ヿ有カ何レ世話ヿアリ

五井　正明ナラザレバ不圖災難損失アリ

六蠱　婦人ノヿヨリ目上ノ人又親類ト口舌起ル

天時　曇ルヿアリ後風有テ晴ヘシ
願望　叶フヘシ身ヨリ増名ヿ望ノ意アリ凶
待人　來ルベシナレ𪜈ヲソシ未申ノ日ナルヘシ
婚姻　性急ナレハ調ガタシ静ニ能々聞合スベシ
生産　初ハ女子次ハ男子ナリ辰巳ノ日ヲ待ベシ
得物　借カ婦人ヨリハ得ヘシ其外ハヱガタシ
疾病　急ニ治ガタシ𪜈命ニサハリナシ
醫師　辰巳ノ方ノ醫ヲモトムベシ
失物　急ニ出ガタシ静ニ尋ヌル時ハ後ニ知ルベシ
變宅　不レ宜舊常ヲ守ルニヨロシ
訴訟　和談ナルニ宜シ我意ヲ出ストキハ後悔アリ
走者　隠レテ知レガタシ後ニ先ヨリ女人ノ手ニテ知ルヘシ
旅行　見合スヘシ心ノマヽニナラズ
仕官　様子宜クシテ急ニナラス
抱人　見分ハ宜クシテ大ニ心中ハ凶ニ
賣買　貴人ノ助ヲ得テ少ク利ヲ得ヿアリ
高下　次第ニ少シツヽ上ル中途ニテ上カヘテ宜シ
夢　物ヲ待カヌル意アリ或水邊ヲ往來スルヿアリ

䷮ 澤水困

困《コン》者窮《キウ》也乏《トボシキ》ナリ澤《タク》ハ止《シ》水《スイ》ニシテ坎《カン》水ハ動《ドウ》ク澤ハ其《ソノ》水《ミヅ》受《ウ》

ル處限《ゲン》《カギリ》アリ澤《タク》ノ下一陰欠《カケ》テ坎《カン》トナル則澤《タク》水《スイ》下ニ漏流テ不止《ヤマ》ノ象《カタチ》ニシテ困《コン》《クルシミ》窮《キウ》痛《ツウ》心《シン》ノ時是河《カハ》ノ中《ウチ》ニ水《ミヅ》ナキノ意ニ而甚《ハナハダ》乏《トボ》シキノ義《ギ》也君子ハ己《オノレ》ヲ困テ時《ジ》義ヲ守《マモリ》小人窮《キウ》スル時ハ志《コヽロザシ》亂《ミダ》レテ益《マス／\》困《クルシ》ム大人ハ義ヲ以テ困ミ而モ其通《ツウ》亨《トヲル》ル小人ハ利《リ》ヲ以困ム故ニ窮《キウ》スルニ至テ言ヲ飾《カザ》リ邪《ジヤ》智《チ》ヲ以テ人ヲ欺《アザム》ク百事凶君子小人其困《クルシ》ム處不同占者《センジヤ》事ノ邪《ジヤ》義《ギ》實《ジツ》正《セイ》ヲ詳ニシテ吉凶可活断《クワツダン》此卦ハ貞《テイ》正《セイ》堅《ケン》固《ゴ》ナレバ今窮《キウ》シ困《クルシ》ムトイヘ𪜈後《ノチ》必ズ險《ケン》ヲ出《イデ》テ説《ヨロコビ》ノ時ニ遇《ア》フナレ𪜈遲《オソ》シ唯《タヾ》宜ク困《クルシミ》ヲ守《マモリ》テ

時《トキ》ノ至《イタ》ルヲ可《ベシ》待《マツ》物事不自由《フジユウ》ニシテ心中便《タヨリ》ナキノ意性急《セイキウ》ナレバ
住居《ジウキヨ》ニ離《ハナ》レ又親《シタ》シキ人ニ遠《トホ》ザカルノ意金銀病苦《ビヤウク》スベテ物《モノ》ニ
不足有《フソクアル》ノ理《リ》説《ヨロコビ》ヲ以《モツ》テ危《アヤウキ》ニ入ル象《カタチ》有レバ色欲《シキヨク》勝負《シヤウブ》事ノ類《ルイ》ヲ
愼《ツヽシ》ムベシ官難《クワンナン》アラン又不義不正ナル事ニ是ヲ得《エ》バ必ス近キニ
災害《ワザハヒ》来ルト可知

初兌　不信心ナル時ハ不圖婦人ノ世話事アリ
二萃　進退トモニ我意ヲ不出人ニ順フニヨロシ
三大過　凶
四坎　性急短リヨリ大災害論難アラン
五解　目下ノ人ニ付テ油断ヨリ損アリ色情ヲ愼ベシ
六訟　縛テ口舌争ヲツヽシムベシ
天時　曇リテ雨ナシ好ム　トキハナシ風アリ
願望　調カタシ信心堅固ナラザレバ病ソシニアリ
待人　来ラス酉ノ日ヲ待ベシ

婚姻　調カタミ間違フ一　多シ未ハ半吉
生産　流産ナドアラン　随分信心スベシ
得物　得カタシ酉子ノ日ヲ待ヘシ

疾病　腹中ノ病カ食傷　ノドノ意アリ
醫師　西ノ方ヨロシ再三替リテ宜シ薬功ナシ
失物　出ガタシ一人ニアラス連アルベシ

變宅　不宜初爻ナレハ半吉　大抵見合スヘシ
訴訟　様子宜クシテ利ナシ　人ニ順フニ宜シ
走者　遠ク不行途中ニテ難義迷惑ナル一多シ

旅行　途中ニサハリアリ或ハ不計損失ス
仕官　見合スベシ出入トモニヨロシカラズ
抱人　不見合抱人

賣買　進退トモニ不宜舊産ヲ守ルベシ
高下　ドルコ多シ何事モ見合スベシ損アラン
夢　損失間違コアラン　信心スベシ

䷯　水風井

井《セイ》者静《セイ》《シヅカ》也巽《ソン》木ヲ以テ坎《カン》水ノ下ニ入レテ其水ヲ上ニ出ス則井ノ象《カタチ》也静《シヅカ》ニシテ養《ヤシナ》フコノ常《ツネ》アルハ井《セイ》也井ハ汲《クミ》テ不盡《ツキ》不汲《クマ》ハ

井ノ用ナシ邑《イウ》ハ乃《イマ》シ可改《アラタム》井ハ不可移《ウツス》身《ミ》ヲ安《ヤス》ンジテ動《ウゴ》クヿナク道ヲ守光虧上險《ケン》ニシテ下順《ジユン》也險ノ危《アヤウキ》ヲ見テ順ニシテ物ニ變《ヘン》動《ドウ》スルヿ勿《ナカ》レ順ヲ離《ハナ》レテ動《ウゴク》卞ハ必坎《カン》險《ケン》ノ危ニ陥《ヲチイ》ル百事相慎《アイツヽシ》マザレバ大凶井ハ君子ヲ以テ論《ロン》ズルトキハ吉ニシテ常《ツネ》有リ小人ヲ以テ論ズル卞ハ必ス八九分ニシテ棄《キ》廢《ハイ》ノ兆《テウ》トス此卦ハ諸事可慎住家安《アン》寧《ネイ》ナラズ君臣父子夫婦ノ中ニ心《シン》勞《ロウ》可有又舊《フルキ》ヲ守《マモリ》テ新《シン》規《キ》ニ事ヲ動スヿ勿レ勞《ロウ》シテ無功空ク力ヲ費《ツイヤ》ス憂《ユウ》患《クワン》離《リ》別《ハツ》ヲ含ム

卜。可レ知物事無レ便《ミヨリ》ノ意ニシテ事アレ𪜈不レ成物アレ𪜈手ニ難

レ入《イリ》ノ理《リ》有リ我《ガ》意《イ》ヲ去《スチ》テ人ノ諫《イサメ》ニ付時《ジ》節《セツ》ヲ可レ待《マツ》後《ノチ》必ス吉《キツ》

慶《ケイ》發《ハツ》達《ロツ》アラン

初需　静ニシテ其舊ヲ守テ吉性急ナルトキハ凶

二蹇　不圖災難ニ逢フカ住処ヲ動ントスルノ意アリ

三坎　凶

四大過　人ノ為ニ大ニ心勞スルカ病難アリ

五升　舊常ヲ守テ安ニ變動スルヿ勿レ後吉

六巽　心ノサハヽトシテ油断スルトキハ損ヘ

天時　風アリ少ク曇ル可レ雨ヲ催フス

願望　叶フヘシ身分ヨリ増タルヿヲ望ノ意

待人　來ルヘシナレ𪜈ヲソシ辰巳ノ日ヲ待ヘシ

婚姻　アシヽ調フヿナシ再縁ナルベシ

生産　初産ハ女子次ハ男子辰巳ノ日ヲ待ヘシ

得物　僧カ婦人ニハ得ベシ其外ハエカタシ

疾病　重シ陰病ノ症ナリ

醫師　辰巳ノ方ヲ求ムベシ急ニ功ナシ

失物　急ニ出ガタシ静ニ尋ルトキハ知レベシ

變宅　不宜舊產ヲ守ルヘシ　詞訟　和談ナルニ宜シ我意ヲ出ストキハ後凶　走者　深クカクレテ急ニ知レカタシ後先ト知ハ

旅行　見合スヘシ心ノママニナラス　仕官　様子宜シクシテ急ニナラス　抱人　見分ハ宜シ心中大ニ凶

賣買、貴人ノ助ヲ得テスコシク利ヲ得ル　高下　仕來リ以實家內ハ少シ利アリ老冬ハ下ル　夢　物ヲ待カヌル意アリ或ハ水邊ノ往來スルアリ

䷰ 澤火革

革《カク》者改《カイ》也變《カハル》也離《リ》ノ火ヲ以テ澤ノ水ヲ革《アラタメ》テノ湯《ユ》ト為《ナ》ス離《リ》火澤《タク》

水相尅《カツ》テ用ヲ相通《ツウ》ズ始《ハジ》メ背《ソムキ》テ後《ノチ》ニ合《アフ》舊《キウ》《フルキ》ヲ革《アラタメ》新規《シンキ》ニ付《ツク》是《コレ》

變《ヘン》易《エキ》ノ道《ミチ》ニシテ其交易《カウエキ》スル處《トコロ》惡《アク》ヲ改《アラタメ》テ成《ナス》善《ゼン》變《ヘン》ニシテ熟《ジユク》

トス變《ヘン》革《カク》ニ宜《ヨロ》シト雖《イヘド》モ輕《ケイ》《カルハヅミ》卒《ソツ》ナル時《トキ》ハ不宜邪《ジヤ》正《セウ》僞《ギ》《イツハリ》實《ジツ》《マコト》ヲ正《タヾ》ス

テ速《スミヤカ》ニ事ヲ改《アラタム》ルニ吉トス百事吉兆此卦ハ發達《ハツタツ》榮昌《エイシヤウ》ニ赴《オモム》ク卦ニメ人モ立身《リツシン》出世《シユツセ》有トス事ヲ華《アラタ》改《アラタムル》ニ宜シ然レ𪜈邪義《ジヤギ》不正《フセイ》ノ事ニ此ヲ得《エ》バ親《シタシ》ミ破《ヤブ》レテ住居ヲ退《シリゾキ》艱難《カンナン》迷惑《メイワク》スルヿ可有貞正ナレバ自然ト貴人《キニン》ノ引立《ヒキタテ》ニ依《ヨリ》テ幸悦《カウエツ》《サイハイヨロコビ》ノ事有ノ物ノ入組《イリクミ》タルヿ有テ今日ヤ明日ヤト事ヲ分チ調《トヽノ》ルノ意アリ物ノ盡テ始《ハジマ》リ破《ヤブ》レテ又調《トヽノフ》ノ義アレバ何事ニモ人ヲ以テ計《ハカル》宜シ此《コヽ》ニ離《ハナ》レテ向《ムカ》フニ説《ヨロコブ》ノ理《リ》有占者《センジヤ》此義ヲ可解《サトル》

初咸　婦人ノヿニテ不圖悦ノアラン吉　二史　親キ人ニ付テ住處ニ心勞アラン　三隨　貴上ノ人ニ順フヿヲ萬事宜シ利ロヲ出スヿ勿レ

四 歸妹
儀ニ物ノ間違アル々慎マ
サレハ色情ニテ口舌起ル

天時
日和ナルベシ四季ニ
ヨリテ定リカタシ

婚姻
宜シ再縁ハ別ニシテ
ヨロシ

疾病
自病ノ發スルノ意
醫ヲ替テ宜シ

變宅
改テ宜シ人ニダマサ
ルヽヿアラン

旅行
ツレ有ラハ宜シ西南
ハ不吉北ハ凶シ

賣買
貞正ナレハ利ヲ得ヘシ
尤性急ヲツヽシムベシ

五 豐
安静ニ事ヲ計ルニ宜シ
家幸榮昌アルベシ

願望
叶フヘシ性急ナレハ
邪魔入テ調ヒガタシ

生産
安産ナルヘシ初ハ
少シ障リアリ

醫師
西南ノ醫ヲ求ムヘシ藥
功ナシ轉藥シテ宜シ

詞訟
勝トナレドモ我意ヲ
出ストキハ利ヲ失フ

仕官
横合ヨリ邪魔ノ入ル
ヿアリ用心スベシ

高下
上ルヿナシナレドモ夏ハ
三五ノ日ハ上ル

六 同人
家内ノ人ノ出入多ク又
余義ナク物入アラン

待人
來ルヘシ約束トタガヘ
コトヲ替テ來ルベシ

得物
得ヘシ人ノ爲ニ或ハ貢
ヲ空クスルヿアリ

失物
出カタシコトニ依テ
先ヨリ知レヘシ

走者
婦人ノ緣ヲ尋ヌベシ
早ク知レベシ

抱人
宜シ後々ハ爲ニ
ナルベシ

夢
離別ナトカ不計損
失後悔アラン

䷱ 火風鼎

鼎《テイ》者定也烹《ホウ》飪《ジン》ノ器也下ノ一陰《イン》ヲ足《アシ》トシ二三四ノ陽ヲ腹《ハラ》トシ五ノ陰《イン》ヲ耳《ミヽ》トシ上ノ陽《ヤウ》ヲ鉉《ツル》トス則《スナハチ》是《コレ》鼎《カナヘ》ノ象《カタチ》巽《ソン》木ヲ以離《リ》火ニ入《イ》レ烹《ホウ》飪《ジン》スルハ鼎《カナヘ》ノ用《ヨウ》也故《フル》キヲ棄《ス》テ新《アラタ》ニシ悪《アク》ヲ去《サリ》テ善《ゼン》ヲ取《ト》リ腥《セイ》《ナマグサキ》ヲ變《ヘン》ジテ熟《ジユク》トシ香味《カウミ》トナス鼎《テイ》者三足峙《ソバダチ》テ互《タガイ》ニ力《チカラ》ヲ相助《タスケ》テ共《トモ》ニ和合《ワガフ》ス若一足折《ヲレ》ク時ハ必覆《クツガヘ》リテ自立《ジリツ》スル丁不能占者此義ヲ思ヘ此卦ハ百事舊《フルキ》ヲ去テ新《アタラシキ》ヲ取《ト》ルノ意《イ》ニシテ邪僞《ギ》《イツハリ》不正ナル丁ニ是ヲ得ハ速ニ改メ計ニ宜シ悪《アク》ト知テ行ヒ不義ト知テ計《ハカ》ルハ鼎《カナヘ》ノ道《ミチ》ニ非ズ改過邪正ヲ分《ワカツ》ヲ以吉トス物更遷

滞《タイ》《トヾコホル》スル二不利速《スミヤ》カナル二宜シ又住居《ヂウキヨ》ヲ動《ウゴ》カ或ハ今迄續《ツヾキ》タル
ヿヲ改變《アラタメカハ》ルノ意有然《シカ》レ𪜈我《ガ》意《イ》ニ任《マカ》セテ事ヲ計《ハカル》ニ不利他《タ》皆《ミナ》
衆《ミナ》評《ヘイ》ニ順《シタガフ》ニ利《ヨロ》シ他處他國《タコク》ノ人ヲ相手取《アイテドル》カ又親《シタシ》キ人ハ力《チカラ》
ヲ得《ウ》ルノ意印《イン》形《ギヤウ》書物《カキモノ》等《トウ》ノ間違《マチガヒ》ニ付テ心配《シンパイ》ナルヿ有ニ可
慎剛《ガウ》情《ジヤウ》ニシテ人ノ異見《イケン》ニ不従時ハ妻子ニ別《ワカ》レ住居ヲ退程《シリゾクホド》
ノ損《ソン》難《ナン》可有跡先《アトサキ》ニ心ヲ配《クバ》リ余義《ヨギ》ナク人ニ順《シタガ》ヒ居《オ》ルノ意

初大有　性急ナレハ事ヲ敗破スツヽシムベシ

二旅　家内ニ心ノ落付難キ意アリ又口舌ヲ主ル

三未濟　静ナレハシタシキ人ノ助ヲ得ルヿアリ

四蠱　目上ノ人ト不圖爭論スルヿ何ノ上モ大凶

五姤　婦人ノ為ニ身ヲ損スルヿアラン

六恒　婚姻ノ世話ヿアリ大抵吉ナルベシ

天時　雨中ノ考ナレバ忽チ晴ル又日和ナレバ雨トナル
願望　信心堅固ナルトキハ叶フ人ノヿニテ物入アリ
待人　来ルベシ南東ノ人ハ早シ

婚姻　性急ナレバ凶次第ニトヽノフノ意アリ
生産　安産ナルベシ女子ナリ辰巳ノ日ナラン
得物　得ベシナレドモ外ヨリ邪魔ノ者ナドアラン

疾病　全快スベシナレドモオソシ
醫師　東南ノ醫者ヲモトムベシ
失物　出カタシ高キ處ニアルベシ

變宅　カヘテ宜シ人ノ異見ニ順フベシ
訴訟　我意ヲ不出正理ニヨルヿヲ専ニスベシ
走者　婦人ノヿニテ出ル先方ヨリ知ルベシ

旅行　連アルベシ東南ノ方別シテヨロシ
仕官　夏秋ハ宜シ其外ハ見合スベシ
抱人　不足ノヿ有テ後悔スルヿアラン

賣買　貞正ナレハ利ヲ得ルナレドモ急ニ損ス
高下　上ルベシ二四ノ爻變スルトキハ下ル
夢　離別カ不圖損失後悔アラン

䷲

震爲雷

震者動也重《テウ》雷《ライ》響《ヒビキ》ヲ發《ハツ》シ無事者愕然《ガクゼン》トシテ驚《オドロ》ク況ニヤ

今日罪《ツミ》ヲ荷ヒ不正不義ノ行ヒ有人ヲヤ又震雷威《シンライヰ》トヱ𪜈人誠敬《セイケイ》ヲ存《ソン》スル𬼂ハ始《ハジ》メ驚動《キヤウドウ》スル𪜈後《ノチ》无事《ブジ》ニシテ慶昌《ケイシヤウ》有ニ誠敬恐慎《キヤウシン》ノ人ハ家《イヘ》慶《サイワイ》ヲ得《ウ》又《マタ》剛強不慎《ガウキヤウフシン》ノ人ハ必ス災害《サイガイ》ヲ招《マネ》ク聲《コヱ》有《アリ》テ無形有虚《キヨ》テ無實《ジツ》ノ象《カタチ》ニメ吉凶共ニ慎ノ淺深《センシン》ニ依《ヨリ》テ難《カタキ》一定《イツテイ》ノ卦《クワ》也一陽《ヤウ》二陰《イン》ノ下《シモ》ニ生ジ動ノ義《ギ》也故《ユヘ》ニ人モ先《サキ》ニ進《スヽ》ムノ心而已《ノミ》ニメ後《ノチ》ヘヲ顧《カヘリミ》ルニ無暇ノ意《イ》ナレバ常《ツネ》ノ人ハ油斷《ユダン》妄動《モウドウ》ヲリ患難《クワンナン》損失《ソンシツ》ヲ受《ウケ》ルト可知此卦ハ始驚《オドロキ》テ後静《シヅカ》ナルノ意《イ》ニメ吉凶共《トモ》ニ始終《シジウ》タシカナラズ大人ハ吉ニメ發達《ハツタツ》ヲ得《エ》小人ハ剛強《ガウキヤウ》

短慮ニテ事ヲ廢シ住家ヲ退ク程《ホド》ノ難《ナヤ》ミ可レ有物ニ疑惑《ギワク》有テ思慮《シリヨ》不レ決親《シタシ》ミ破《ヤブレ》テ離散ノ兆トス我意《ガイ》性急《セイギウ》ヲ捨《ステ》テ人ノ諫《イサ》メニ順《シタガ》フニ宜《ヨロ》シ後必《ヒツ》説笑《シヤウ》有《アラ》ニ物《モノ》二ツ有テ何レニセンヤ志ヲ落付《オチツカ》ザル意又近《チカキ》ヲ發《ステ》テ遠《トホキ》キニ望《ノゾム》ノ理《リ》有

初豫	一度動テ後定ルノ意アリ幸悦アラン	二歸妹	印形書物ノコニ付テ難義迷惑アラン	三豐	目上ノ人ト不圖口舌爭論起ルカ又損失ヲ招ク
四復	静ナル片ハ後大ニ宜シ時節ヲ待ヘシ	五隨	婚姻養ナキ世話ヿアラン吉	六噬嗑	不正不實ノ人ハ大ニ恐入公邊ヿト起ルベシ
天時	雷雨ナドアラン春冬ハ曇ルベシ	願望	性急短慮ナレハ萬叓叶ヒガタシ信心スヘシ	待人	遠方ヨリ待人ハ早シ近クハオソシ
婚姻	再縁ハ調フベシ初縁ハ不成後出入アラン	生産	少シ障リアラン信心スベシ男子ナラン	得物	様子ヨクシテ得ガタシ後ニ少シク得

疾病 病サカンナルハシ急ニ治シガタシ　醫師 東ノ方ノ醫ヲ求ムベシ藥違ノキナラン　失物 遠方ヘ失フナレ圧先方ヨリ知レヘシ

變宅 見合スベシ余リ好ミスギテ返テ凶シ　訴訟 人ノ異見ニ順フニ宜シ我意強キ時ハ損アリ　走者 連アルフアリ俗ニ骨折シテ急ニ知レガタシ

旅行 遠方ハ見合ベシ尤モ近アルキハ苦シカラズ　仕官 心ニツニ迷フテ定リ難シ目上老人ニ随フベシ　抱人 婦人ハ大ニ凶男子ハ大抵ヨロシ

賣買 貞正和順ナル人ハ追々モ利分益ス　高下 春夏ハ上ルベシ秋冬ハ下ル事多シ　夢 水邊ニテ損失ノ事アラン貞明ニスベシ

䷳ 艮為山

艮《ゴン》者止《シ》也一陽二陰ノ上ニ止ル止ル處《トコロ》ニ止ツテ外ヲ不願《ネガハ》時ハ隨《シタガ》ヒ理ニ順《シタガ》フヲ以テ止トス時止ルハ則止リ時移《ウツ》ルトキハ則移ル止動《シヅウゴク》共ニ事《コト》ノ邪正《ジヤセイ》偽實《ギジツ》ヲ正シ我意《ガイ》剛慢《カウマン》ヲ捨《ステ》テ其宜《ヨロシキ》ニ止ルヲ以テ吉

トス君子ハ仁義《ジンギ》ニ止《トヾマ》リ小人ハ色欲《シキヨク》華美《クワビ》ニ止《トヾマ》ル其止ル處《トコロ》ニ依《ヨッ》テ吉凶大ニ異《コト》ナリトス重艮《テウゴン》ハ人ノ背《ヒナカ》ヲ合立ルノ象《カタチ》ニシテ互《タガヒ》ニ相《アイ》與《クミ》シテ其力《チカラ》ヲ助合《タスケア》ハス事《コト》不《ズ》能《アタハ》互ニ背《ソム》キテ獨立《ドクリツ》セントス又憂《ユウ》苦《ク》ノ二山重《カサナリ》タルノ義ニシテ百事半《ナカバ》調《トヽノヒ》半破《ヤブル》ト可知然レ𪜈其舊《フル》キヲ勤《ツトメ》テ外《ホカ》ヲ不《ズ》求《モトメ》基根強《ツヨ》ク其道々《ミチミチ》ヲ行《ヲコナ》フ𪜈ハ後《ノチ》榮達《エイタツ》可有何事《ナニゴト》モ性急《セイキウ》ナルニ不利又新キニ事《コト》ヲ起《オコ》シ望《ノゾム》ノ類ハ不宜親疎《ソ》共《トモ》ニ不和順《フワジユン》ニシテ速《スミヤ》カニ物事《モノゴト》通達《ツウダツ》シ難《ガタ》シ兩手《リヤウテ》ニメ事《コト》ヲ計《ハカラ》ントスルノ意《イ》又一《ヒト》ツ動《ウゴケ》バ一ツ止《トヾマ》ルノ理《リ》有《アリ》可推《ヲス》

初賁　家内ナドニ普請スルヿアラン貞明ナレハ吉
二蠱　凶
三剥　不計親類縁者ニ付テ舌争アラン目下ノ者損ス
四旅　物ヲ改メテ新規ノヿヲ企ル意アリ見合ヘシ
五漸　貞正堅固ナルニ宜シ何事モ漸長ナレハ吉
上謙　物事急ニ調ヘタシ時節ヲ待ヘシ急トキハ損ス
天時　曇ルハ急ニ天氣ニナリカタシ秋ハ日和
願望　邪魔有テナリカタシ望ニツ有テ心足ラス
待人　來リカタシ急ニハタヨリナシ
婚姻　調カタシ間違コトアリ見合スヘシ
生產　障有ヘシ秋ハヨロシ信心専一ニスヘシ
得物　横合ニ邪魔ハ有テ得ガタシ
疾病　背ニ付ニ病タミ長引ニ急ニ治シカタシ
醫師　未申ノ方ニ老醫ヲモトムベシ
失物　未申ノ間ニテ高キ處ヲ見ヘシ急ニ出ガタシ
變宅　止テ宜シ動トキハ損失災アリ
訴訟　勝利ナシ和談ナルニ宜シ後利運トナル
走者　必ツレアラン深クカクレテ急ニ知レカタシ
旅行　神社ヘ参詣ナレハ心掛アラン但遠方ハ見合ヘシ
仕官　間違多シ見合ヘシ始終心労タヘス
抱人　不宜後悔スルヿ多シ公難ノ起ルヿヲ用心スヘシ
賣買　見合ハシ彼是心労多ク損失アラン
高下　次第ニ下ル急ニ上ルヿナシ冬ハ少シ上ル
夢　高山ヘ登ルカ迷惑スルヿヲ見ヘシ争ヲ上ル

䷴ 風山漸

漸《ゼン》者《ハ》進《スヽム》也漸進《ゼンシン》之義事ニ觸《フ》レテ妄キニ進ム漸進ノ道ハ天道ノ常ニメ時々《ジヽ》刻々《コクヽ》晝夜《チウヤ》往還《ユキカヘリ》テ隔滯《ヘダテトヾコホリ》無ク進ムニ次序《シジヨ》《シダイ》有ヲ言ノ卦《クワ》象《シヤウ》ハ巽《ソン》ヲ上ニメ艮《ゴン》ヲ下ニス是止《トヽマツ》テ物ニ順《シタガ》フノ義ナレバ其可止ニ止リ其順《シタカ》フ可《ベキ》ニ不レ順ハ百事凶兆《キヤウテウ》小ヲ積《ツ》ンデ大ニ成《ナ》スノ象《カタチ》漸《ヤヽ》長《チヤウ》ニシテ進ム時ハ發達《ハツタツ》美名《ビメイ》ヲ得《ウ》ル此卦ハ物事急速《スミヤカ》ナルニ不レ利《ヨロシカラ》事ノ前後ヲ計《ハカ》リ時義《ジギ》ノ宜ニ順フテ進ムニ爲吉常人《ジヤウジン》ハ性急《セイキウ》輕卒《ケイソツ》ニメ事ヲ誤《アヤマ》ルノ意《イ》有リ可レ愼物ニ宜キ手筋

ヲ得却《カッ》テ心配《ハイ》憂苦《ユウク》スルノ意夫婦《フウフ》ノ中ニ思事有カ或ハ年違《チカヒ》ノ人ト色情《シキジヤウ》ノ難《ナヤ》ミ有ノ意無益《ムヤク》ノ事ニ氣ヲ急《セク》カ咄《ハナシ》ニ聞《キヽ》テ未ダ手ニ難取ノ理《リ》有

初爻 家人　婦人ニ付テ悦ビアルベシ次第ニ吉

二　巽　性急ナルヿヲ可慎ノ落付カタキ意

三　觀　貴上ノ助ヲ得ルカ又ハ人ノ為ニ心労ノ起ヿアリ

四　遯　貞明正順ナルニ吉進ムニ凶止ルニ幸アリ

五　艮　不信心ナル時ハ大ニ病難口舌争ヲ上ル

六　蹇　不計住居ニ變動ノヿ有ニ姿リ動ニ凶

天時　風ノリ後晴ル春ハ雨多ニ辰巳ノ日日和

願望　調フヘシナレ𪜈急ニ叶ガタシ

待人　來ルヘシ少シヲソシ辰巳ノ日ナルベシ

婚姻　宜シ後々大ニ繁昌スニ女ノ年増ノヿ有

生産　安産ナルベシ初男次ハ女子ナルヘシ

得物　十分ニハアラス何レ七分得ベシ

疾病　全体自病同様ノヿニテ古キ病症ノ發ナリ

醫師　辰巳ノ方ヲ求ムベシ老醫宜シ

失物　終ニハ知レヘシ急ニ出ガタシ丑寅ノ方

變宅　急ニ變動スルヿ凶シ貴人ニ順フテ宜シ
訴訟　和談ナルニ宜シ我意ヲ出ストキハ災多シ
走者　婦人カ出家スルヿナト有ベシ
旅行　連レアレハ能クタツ子合シテ行ヘシ
仕官　宜シ性急ナルトキハ間違ヿアリ
抱久　宜シ後々爲ニナル久ナルヘシ
賣買　次第ニ利運アラン人ニダマサルヽヿ有
高下　世間ノ沙汰トチカヒ次第々々ニ少シツヽ上ル
夢　旅行ナトヲ見ルカ又山ニ登ルモヨシ

䷵

雷澤歸妹

歸妹者大也嫁《カ》歸《キ》也歸妹《マイ》者ハ天地ノ大義《ギ》タリ男女配遇《ハイグウ》ノ義易中ニ咸《カン》恒《コウ》漸《ゼン》歸《キ》妹《マイ》ノ四《シ》象《シヤウ》有然レドモ各其配遇《ハイグウ》スル處皆一ナラズ或ハ有レ正有レ不レ正占者能《ヨク》卦《クワ》象《シヤウ》ヲ明《アキラ》メ可ニ活斷《クワツダン》ス此卦ハ兌《ダ》ノ少女震《シン》ノ長男ニ遇《ア》ヒ其情《セイ》悦《ヨロコビ》ヲ以テ動ク皆正道《セイダウ》ノ配遇《ハイグウ》ニ非ズ卦象《クワシヤウ》

ハ説《ヨロコブ》ヲ以テ動《ウゴ》ク説ヲ以テ動クモノハ不義《フギ》不正ナルコト多シ 百壹

末《スヘ》ヲ不保《タモタ》反《ハン》覆《フク》隔《カク》滞《タイ》可有事皆棄《キ》《ステ》廢《ハイ》《スタレ》憂《ユウ》《ウレヘ》離《リ》《ハナレ》ヲ主《ツカサドル》ル 此卦ハ

諸事間《マヽ》違《チガヒ》有テ難《ナン》義《ギ》迷《メイ》惑《ワク》ノコト可有又自《ジ》他《タ》ノ志不知物事

背《ソム》キ違《タガヒ》テ住居ニハナレ或ハ親《シタシ》キ人ノ心變《ヘン》ズメカ便《タヨリ》ヲ失フノ

意不圖《フト》ニタルコトヨリ口舌争《ソウ》論《ロン》ニ及《オヨ》ブノ意有可慎《ツヽシム》散《サン》財《ザイ》

女《ヂヨ》難《ナン》ヲ可防《フセグ》言《イヒ》出《ダス》タル事ハ二ツ有テ案《アン》ジ迷《マヨ》フノ意モノニ

進《スヽ》ミ過《スギ》テ本《モト》ニカヘリ難《ガタ》キノ意アリ

初 解 婦人ニ付テ口舌争コト有ニ万事由断ナラヌ

二 震 性急短慮ナル所六日 上ノ氣ヲ背クニ労アリ

三 大壯 書物印形ノ取引コト念入ベシ進ム凶退ク吉

四臨　進ニハキヲ退クニ　カタニ後悔アラン

五兌　養子又別家ナドノ　世話一アラン

六睽　我意利口ヲ出スベキ　ニ不圖損失アリ

天時　雷雨ヲ含ミテ急ニ　下情成女ノ日ハ天氣

願望　彼是物ニ間違有テ　叶ヒカタシ信心スベシ

待人　來ルハミ連レ來ルハ早　ミ伺ヒ冬ハヲソシ

婚姻　內縁ナドニハ宜シ初　縁ニハ念入ベシ

生産　男子ナルベシ卯辰ノ日　産ス又急産ノ意

得物　少シ障有テ十分ハ　得ガタシ半得ルニ止ム

疾病　重シ多ク自病再　發リ又食傷ノ意

醫師　辰巳ノ方ノ醫ヲ求ム　ベシ北ノ醫ハ見合ベシ

失物　急ニ知レガタシ又婦　人出家ノ縁アリ

變宅　動テ返ヲ心痛多　シ舊居ヲ守テ吉

訴訟　一筋ニ利運ナラヌト　心得テ返テ災アリ

走者　人ニサソハレテ出ル繁　昌ノ地ヲ尋ヌベシ

旅行　急ノ旅ハ連ヲ得　ベシ又旅ハ見合ベシ

仕官　性急ナルベシ凶シ横　合ニ邪魔出來ル

抱人　男女共ニ縁合ニ宜　シ後災アラン

賣買　勝利ナシ性急ナル　損又退クニ吉

高下　初ハ下ル後ニ上ルナルベシ　二六ノ變ハ損多シ

夢　跡先ナキヲ見ル　ベシ又後ニハ宜シ

䷶

雷火豐

豊《ホウ》者盛《セイ》大《ダイ》也物満極テ衰《オトロフ》ノ始トス上震《シン》ニシテ動《ウゴキ》下離《リ》ニシテ明《アキラ》カ也君子ハ動《ウゴ》クニ明《メイ》ヲ以ス故ニ動ヲ益《マスヽヽ》明徳《メイトク》ヲ大ニス常人盛大ノ時ヲ得レバ華《クワ》美《ビ》色欲《シキヨク》ヲ専《モハラ》トシ而モ我《ガ》意《イ》剛慢ナル故ニ本心ノ明鏡蔽レ終《ツイ》ニ明ヲ傾デ暗《クラキ》ニ落ル是明《メイ》ニ背テ暗《クラキ》ニ入ルノ象《カタチ》ニシテ必衰敗《スイハイ》ヲ求ム此卦ハ百事進《スヽム》ニ不利退《タイ》シテ人ノ異見ニ順《シタガ》フニ宜シ人情背違テ無親ト或ハ偽リ迷ハサル、ノ意親子兄弟或ハ親キ人ノ為ニ金銀ノ損失有カ憂苦離散《リサン》ノ一可有新ニ事ヲ起シ望ノ類《ルイ》必不利左右ニ物有

テ進退《シンタイ》迫《ヒマ》ルノ意有過去《スギ》リタル事ヲ後悔《コウクワイ》スルノ意次第々々ニ物ノ散リ失《ウセ》ルノ意

初過 慎ミ薄キ人ハ家内ニ愁離損災アラン
二大壯 総テ進ミテ凶也貴人ニ順フテ宜シ
三震 性急短慮ナレハ少ノコトニモ損失多シ
四明夷 凶
五革 古キヲ捨テ新規ノ事ヲ企ルノ意アリ
六離 家内目下ノ者ニ不計離散スルコトアリ

天時 日和ナルヘシ夏秋ハ雷雨アラン又少シ荒ノ意
願望 叶フヘシ余リ進過ナ返テ損失ヲ招ク意
待人 ツレアリテ來ルヘシ辰巳午ノ日ナルヘシ
婚姻 調フベシ急トキハ間違アラン
生産 安産ナルヘシ又月延ルコトアラン
得物 目上ヨリノ事ハ得ヘシ其余ハ得カタシ
疾病 病盛ニシテ大切ナリ醫ヲ替ヘシ
醫師 卯辰巳ノ方ノ醫ヲ求ムヘシ
失物 出カタシ相手アラハ後ニ知レベシ
變宅 繁花ノ地ヘ動ク意アリ見合スベシ
訴訟 印形書物ナトノ事ニテ起ル進ンテ凶
走者 人ニサソハレテ出ル意急ニ知レカタシ東南ノ方

旅行　途中ニ少ク障有貴人ニ頼ブニ吉　仕官　宜シナレモ永居ハナリガタシ　抱人　性急ナルカ又半途ニ間違出來ルヿアリ

賣買　進スキテ後悔スヘシ舊常ニ宜シ　高下　夏ノ間ハ上ルヘシ冬春ハ下ルヿ多シ　夢　心ノ進ムヿヲ見ヘシ信心ナキ时ハ口舌起ル

䷷　火山旅

旅《リヨ》者客也羈《キ》旅《リヨ》也艮《ゴン》山《ザン》下《シモ》ニ止リ離《リ》火《クワ》其《ソノ》上《カミ》ニ輝《テ》ル火山上ニ燒《ヤキ》行《ユ》キ草《サウ》木《モク》高《カウ》低《テイ》ヲ不云火ノ逐《ヲフ》ヿ鳥ノ巣ヲ焚《ヤク》ガ如シ其處《トコロ》ヲ去テ不處是旅《リヨ》客《カク》ノ象《カタチ》雖然始終《ジウ》旅《リヨ》中《チウ》ニ居《オ》ル者ニ非ズ往《ユキ》テ止リ終ニ又故郷《キヤウ》ニ歸《クワ》ルノ道有占者旅《リヨ》ノ一字ニ泥ンデ必ズ齟齬《クヒチガフ》スルヿ勿レ進退共ニ離《リ》明《メイ》ノ節《セツ》義《ギ》ヲ窺《ウカヾ》ヒ宜《ヨロシ》ク止《シヤ》ル處《トコロ》

二不レ止ハ却《カヘッテ》テ旅客《リヨカク》ノ路用《ロヨウ》ヲ失フガ如ク百事憂《ユウ》苦ヲ主《ツカサドル》ルト
可レ知此卦ハ物事不自由ニシテ心身《シンジン》居家《キヨカ》トモニ不レ安憂苦《ユウ》ハ達《タッ》
スルトモ喜《ヨロコビ》ヲ不レ達《タッセ》親疎《シンソ》ニ不レ限《カギラ》便《タヨリ》ヲ失《ウシナ》ヒ心《ココロ》細《ボソ》キノ意《イ》我《ガ》意《イ》
ヲ出サズ衆ノ諫《イサメ》ニ順《ジユンガフ》ニ宜シ性急《セーキウ》ナレバ人離《ハナ》レ支ヲ求《モトメ》望《ノゾム》
ノ類《ルイ》无益《ムヤク》ノ支ニ力《チカラ》ヲ費《ツイヤ》スノ意アリ

初離　不信心ナレバ不レ計離別スルヿアリ貞明ニ宜シ　二鼎　進退トモニ時節不レ至ト心得信心深キ時ハ吉　三晉　住處ニ少ク心勞アリ小ヨリ大ニ出ルノ意

四艮　不正明ナルトキハ身分ニ災難多シ　五遯　萬事邪魔ノ入ルヿ多シ性急ナレバ損ス　六小過　心中定リ難キヿ有印形書物取引用心スヘシ

天時　曇ルトモ急ニ晴レヘシ丑寅ノ日ハ雨　願望　横合ヨリ姉人ナドノサワリ有叶ヒガタシ　待人　オソシ丑寅ノ日ヲ待ヘシ途中少シ手間取ベシ

婚姻　半吉ナリ世話人ニ間違アリ念入ヘシ
生產　初產ハ女子次ハ男子何レ安產ナルベシ
得物　不正明ノ人ハ得カタシ金銀ナトハ返テ少クウル

疾病　水氣アラン又逆上ノ意アリ
醫師　丑寅ノ方ノ老醫ヲ求ムベシ
失物　婦人ニ尋ヌベシ十分急ニ出カタシ高キ處

變宅　目上ノ人ニ順フテ變スベシ後吉
訴訟　女ノ了カ住處ニカヽウルヿ多シ和順ニ宜シ
走者　遠方ヘ心ザシ急ニ知レガタシ近處ニモ有

旅行　コレ有ハ宜シ遠方ハ見合ヘシ北ハ凶シ
仕官　歸參ナトニハ宜シ又新規ハ見合スヘシ
抱人　婦人ハ宜シ男子ハ我意強キ人ナルヘ

賣買　相場アランカ夷舊峰ヲ守テ宜シ
高下　油斷ナラス下ルヿアリ秋ハ急ニ上ルヿアリ
夢　天象ノヿカ又旅行ナドノヿヲ見ルベシ

☴ 巽爲風

巽《ソン》者順《シユン》也入《イル》也一陰《イン》二陽《ヨウ》ノ下《シモ》ニ生《セウ》ジ物《モノ》ニ付《ツキ》テ順《ジユン》ニ入ルノ義《ギ》也

其象《シヤウ》ヲ風トス風ハ君子ノ德《トク》ニシテ萬《バン》物《ブツ》能《ヨク》和《クワ》暢《チヤウ》ス然《シカ》レ圧

風《フウ》勢《セイ》甚シキ時ハ物ヲ害《ソコナ》ヒ傷《ヤブ》ルヿ速《スミヤカ》ニシテ大《オホイ》也風ハ形《カタチ》無ク物ニ觸テ其形ヲ顯《アラハ》ス其觸《シヨク》順《ジユン》スル處《トコロ》正ナレハ亨《カウ》《トフリ》通《ツウ》ヲ得不正ナレバ大ニ損《ソン》害《カイ》廢《ハイ》傷《シヤウ》ヲ主ルト可レ知此卦ハ諸事我意ヲ不レ出正《セイ》義《ギ》實《ジツ》情《ジヤウ》ノ人ニ隨《ズイ》《シタガフ》心《シン》スルニ宜シ必己《オノレ》ガ才《サイ》智《チ》ヲ自《ミヅカラ》達《タツ》セシトマレバ却《カヘツ》テ横《ヨコ》合《アヒ》ヨリ邪《ジヤ》魔《マ》入テ俄《ニハカ》ニ事《コト》ヲ破《ヤブ》ルノ意アリ可レ慎《ツヽシム》物事様《ヤウ》子《ス》宜シク今一段《ダン》ニ及デ空《ムナシ》ク手ニ難《カタキ》レ入ノ理《リ》遠キニ行カ旅《タビ》ヨリ歸《カヘ》ルカ何レ家《カ》内《ナイ》ニ人ノ出入可レ有又住家ニ心ノ落《オチ》付《ツ》キ難キ事有心身不足如何センヤト物ニ彼《カレ》是《コレ》

ト人ノ噂《ウハサ》ニナルノ意總《スベ》テ物事通《ツウ》ジテ而《シカ》モ事不《レ》成《ナラ》遲《チ》滯《タイ》シテ又速《スミヤ》カナラズ己《オノレ》ヲ捨《ステ》テ他《タ》ニ隨《ズイ》《シタガヒ》順《ジユン》《シタガフ》ナル𪜈ハ不《レ》久シテ必助《タス》ケ有ト可《レ》知

初　小畜　色情ヲ可《レ》愼又親シキ人ト不和ニナル意　二　漸　貞實ナル𪜈ハ目上ノ引立ニ逢フベシ　三　渙　妄リニ變動セザレハ後々小利ヲ得ベシ

四　姤　勞シテ功ナシ返テ婦人ノ災難ヲ用心スベシ　五　蠱　不圖シタル事ヨリ人ト爭論スルカ公難アラン　六　井　何事モ新規ノヿハ凶舊常ヲ守テ宜シ

天時　風アルヘシ又曇ル辰巳ノ日ハ天氣ヨシ　願望　叶フベシナレド性急ニ心貴上ノ人ニタヨルベシ　待人　來ルヘシ遲アラン辰巳ノ日ナラン

婚姻　再縁ノ意アリ初縁ハ少シサハリアリ　生産　急ニ安産ナラン辰巳ノ日ヲ待ヘシ　得物　得ヘシ信心深キ人ハ十分ナルベシ

疾病　熱アリ急ニ治シガタシ信心スベシ　醫師　藥違ノヿアラン何レ老醫ヲ求ムベシ　失物　出ヘシ辰巳ノ間ニアラン

變宅 兩方ニテ心中定リカタシ老人ノ異見ニ順スヘシ　訴訟 退クイヨロシ進ンテナストキハソン有ン　走者 腰ヲシアリ急ニ知レカタシナレモ後知レベシ

旅行 連アルベシ遠方ニテモ苦シカラズ東宜シ　仕官 心定リカタク色々ニ變動ス見合ベシ　抱人 性急ノ人ナルヘシ始終心落付ガタシ見合ヘシ

賣買 初利アリ後損ス切ニ心付ヘシ　高下 下ルヿ多シ上ルヿナシ秋冬ハ上ルヘシ　夢 高キ處ヲ見ルカ又ニギヤカナルヿヲ見ルヘシ

☱ 兌爲澤

兌者説《ヨロコブ》也一陰二陽ノ上ニ顯《アラハ》ルヽヲ以テ説《ヨロコビ》トス然レモ説ヲ以物ニ隨《シタガ》フ時ハ不正ニ溺《オボ》レ易《ヤス》シ故ニ利《ヨロシ》レ貞《テイ》ニノ戒《イマシメ》アリ非《アラズ》道《ミチ》ニシテ説《ヨロコビ》ヲ求ルトキハ邪《シヤ》諂《テン》ニシテ後悔《コウクワイ》有ン先《サキ》ニ説フ者ハ後必ズ憂《ウレヘ》ニ至ル坎《カン》水《スイ》ノ下流《カリウ》ヲ塞《ツサキ》テ兌《ダ》澤《タク》トナルノ義ナレバ白㕜通《ツウ》

塞《ソク》ヲ含《フクム》ト可知此卦ハ大抵《テイ》喜ノ外ニ顯《アラハ》ルヽ義ナレ圧常人
此義不能《アタハ》情《ジヤウ》偽《ギ》邪《ジヤ》正《セイ》ヲ見合人ト共ニ物事相和順ナルニ
宜シ親《シタシ》キ中ニ争《アラソ》ヒ有カ婦人卑《ヒ》《イヤシキ》夫《フ》ノ爲ニ難《ナン》澁《ジウ》離《リ》散《サン》ヲ招
ノ意有可慎不義ノ支ニ心身動ノ意有《アレ》バ好色勝散ノ道
ヲ可慎始ハ樂ミ終《オハリ》ハ苦《クルシ》ム必他《タ》ニ計《ハカ》ラレ或ハ思ヒ不寄《ヨラ》讒《ザン》
言《ゲン》ニ逢《アフ》コ有可防辨口ヲ以人ニ取《トリ》入《イラ》ラントスルノ意アリ

初困　不正ニシテ我意強キハ災害アルベシ
二隨　舊常ヲ守テ宜シ又貴人ノ助カヲ得ヘシ
三夬　住處ニ心勞有心定リカタク貞正ナレハ後宜シ
四節　横合ヨリ妨ケ邪魔ヘアリ用心スベシ
五歸妹　婦人ノ災ヲ慎ムベシ又思案違ノコ多シ
六履　我意ヲ不出貞明ナレハ目上ノ引立ニ逢フヘシ

天時　日和ナルベシ雨ノ催シアリ近キ内ニ雨アリ
願望　叶フベシ婦人出家ノ縁ナレバ早シ
待人　来ル一戌亥ノ日ナツニムベシ

婚姻　吉再縁ナラン
生産　初産ハ少シ艱リアラン次ハ安シ
得物　半得ベシ心得タカヒニテ得ガタキコトアラン

疾病　食傷ナドノ滞リナラン治スベシ
醫師　東ノ方ニテ老醫ヲ求ムベシ
失物　出ベシ二人ノ口サナリ急ニ出ガタシ

變宅　變シテ宜シナレド北ノ方ハ見合ベシ
訴訟　金銀ノイナトハ和順ニヨロシ
走者　婦人ノコニ付テ出ルコアラン急ニ知ガタシ

旅行　宜シ途中ニテ婦人ノ難ヲ用心スベシ
仕官　宜シ歸参ハ見合スベシ
抱人　宜シ随分念入ベシ性急ナルトキハ損アリ

賣買　半吉ナリカフニヨロシ
高下　上ルベシ四爻ノ變ハ下ル
夢　悦コアルカ術ニ吉夢アルベシ女難ヲ用心スベシ

䷺ 風水渙

渙《クワ》者散《サン》也風ノ水上ヲ行クノ象《カタチ》波《ナミ》ヲ遂《オヒ》水ニ随《シタガ》ヒ渙散《クワンサン》スルノ義

也巽《ソン》木《ボク》坎《カン》水《スイ》ノ上ニ浮《ウカ》ムノ理ニテ舟《シウ》楫《シユウ》ノ象《カタチ》也貞正ナレハ憂苦
患難《クワンナン》解《ガ》脱《ダツ》ノ時ニシテ吉トシ不正強《コウ》慢《マン》ナレバ自ラ離散損
害《ガイ》ニ向《ムカ》ノト可知又祭《サイ》祀《シ》ノ占ニシテ悪事消散シ患苦身ヲ
離《ハナ》レ百支通《ツウ》達《ダツ》シノ慶《ケイ》榮《エイ》ニ赴《オモム》クノ時トス此卦大人ハ吉ナレ
凡常人ハ渙《クワン》散《サン》ノ時ニシテ未吉トス内外取〆リナク親《シタシ》キ人ノ
為ニ損《ソン》失《シツ》憂《ユウ》離《リ》ヲ招《マネ》ク大抵《タイ》物事義理ヲ見合支速《スミヤカ》ノ
外ニ宜シ猶《ユウ》豫《ヨ》遲滯《タイ》スレバ却テ發《ハツ》達《ダツ》ノ時ヲ失ヒ勞《ロウ》シテ無《ム》功《コウ》
親《シタシ》キニ遠《トヲ》サカリ疎《ウト》キモ親クナルノ意又住居ニ心落《オチ》付ガタ

ク事ヲ變《カヘ》テ遠キニ行カ他國ノ人ト事ヲ取組スルノ義有

無餘《ヨ》義物ニ順《シタガ》フノ意有

初爻　不正ナレバ色情ノ艱ミ有又不圖口舌ノヿアラン

二觀　人心背違ノ事ヲ用心スベシ後宜シ

三巽　物事性急ナルトキハ家内ニ事起ルヿ有

四訟　口舌爭ヲ主トル萬事和順ナルニ宜シ

五蒙　舊常ヲ守テ宜シ次第ニ目上ノ助アリ

六坎　不信心ナレバ盗難アラン伺レ損失ヲ主ル

天時　晴ルヽモ又酉ノ日雨アルベシ伺ハ風ハ有

願望　叶フベシナレドモ急クヿハ叶ヒガタシ

待人　來ルベシ酉戌ノ日ヲ待ベシ連アラン

婚姻　夏秋ハ見合ベシ後開遂ノアラン

生産　少シサワリアレドモ安産ナリ

得物　半得ベシ目下ノ事ハ得カタシ

疾病　急ニ治シガタシ醫ヲカヘテ宜シ

醫師　酉戌ノ方ニテ醫ヲ求ムベシ

失物　出カタシ深クカクスノ意アリ

變宅　妄リニ變動スヘカラス止ルニ宜シ

詞訟　目上ノ人ト相談シテ取計トキハ

走者　婦人ノイヨリ走ルノ意後ニ知ルベシ

旅行 遠方ハ見合ヘシ近クハ善カラス 仕官 開キカヽリテアラハ貞正大ハ後ヨロシ 抱人 見合ヘシ性急ノ人ナルベシ又女難有人ナリ

売買 相損アルヘシ舊産ヲ守ルニ宜シ後ニ利有リ 高下 秋ハ下ル冬漸クニ高クナルベシ 夢 住處ヲハナレル方目上ノ人ニ災害アラン

䷻ 水澤節

節《セツ》者止《トヾマル》也澤《タク》上ニ水有澤《タク》水ヲ受《ウケ》容《イ》ルヽ處限《カギリ》有テ止《トヾ》ル澤水ハ湛《タヽヘ》テ不《ド》流然《シカ》ドモ水澤《タク》中ニ滿《ミチ》溢《アフ》ルヽ片ハ流《ナガ》レ覆《クツガヘ》ル其受《ウケ》容ルヽ處皆限有テ其余《アマリ》ヲ不容《イ》是止節ノ義ニシテ節ハ度量ノ器《キ》類《ルイ》タリ又節《セツ》ハ天地四時ノ節《セツ》也成ル所節ニシテ度《ト》ヲ制《セイ》シ倹《ケン》ニシテ以豐《ユタカ》ニ盈《ミツ》ル君子ハ能《ヨク》其節《セツ》ヲ守テ時《ジ》義《ギ》ニ順《シタカ》フ故ニ吉トス小

小人ハ我意《ガイ》利口ヲ先トシテ節ヲ不守妄《ミダリ》ニ事ヲ計《ハカ》ルガ
故ニ平常《ヘイジヤウ》過失《クワシツ》ニ憂《ウ》フ人能節《セツ》ノ時ヲ知テ危《キ》窮《キウ》ノ中ニ
其身ヲ守亨難成《カタシナリ》此ヲ以百事未吉ト可知此卦ハ物ニ過《スギ》
不及ナク其節ニ付テ亨ノ止静《セイ》ナルニ宜《ヨロ》シ性急ニシテ物
ニ進《スヽム》時ハ必ズ仕損《シソン》ジ後悔《コウクワイ》スルヿ可有倹《ケン》ヲ見《ミ》テ説《ヨロコブ》ノ象《カタチ》アレ
バ不義非道《フギヒダウ》ノ事ヲ可慎大凶トス住處《ヂウショ》不安説《ヨロコビ》來ハ又憂《ウレイ》ニ
向フノ意有物事塞《フサガリ》テ開《ヒラ》キ通ジテ又止マルノ意ニメ計ル處
不速《スミヤカナラ》ズ横合ヨリ物ノ差障《サシサワリ》ノ意又辨《ベン》ヲ飾《カザ》リ人ヲ欺《アザム》キ迷《マヨ》ワ

又変多レ可レ慎

初坎　憂離災害ヲ主ル又不信心ナル人ハ損アリ

二屯　安静ナルニ宜シ少モ我意ヲ出ス時ハ心勞有

三需　舊常ヲ守テ進マサルトキハ後宜シ

四兌　家内ニ幸悦ノヿ有ニ又女難ヲ防ヘシ

五臨　余リ進ニスギテ大ニ損アリ老人ニ順フヘシ

六中孚　貞明堅固ナル人ハ榮昌アリ

天時　曇ルベシ日和ハ少ク大抵雨降ルベシ

願望　横合ニ障リ有テ萬事中途ニテ間違有

待人　來ルヿヲソシ何レ子ノ日ヲ待ベシ

婚姻　見合ヘシ後ニ口舌ヿムコ世話人ニ虚言アリ

生産　少シク障アルベシ又月延ルヿアリ

得物　急ニ得カタシ十分ニハ非ス後少ウベシ

疾病　水腫ノ意アリ又通ジアシクナルノ意

醫師　子丑ノ方ニテ老醫ヲ求ムベシ

失物　出カタシ一人ニアラズ子丑ノ方ニアルベシ

變宅　進ムニ凶シ止マルニ宜シ舊處ノ守吉

訴訟　様子宜ク見エテ折々手段ノ替ルヿ多シ

走者　酉子丑ノ方ヘ行ベシ急ニ知レガタシ

旅行　途中ヲ用心スベシ心ガクノ日ヲ延テ吉

仕官　中途ニテ間違有ル急ニ不宜静ナレバ後宜シ

抱人　通リ不成人ナラン何レ氣質六ケ敷人ナリ

賣買 買ニ利ナシ賣ニ利アリナレ圧十分ナレ 高下 春夏ハ少シク上ル秋冬ノ間ハ次第ニ下ル 夢 心労ナルヿ多ニ何レモ損失ナルヿヲ用心スベシ

䷼ 風澤中孚

中孚者信也无我《ムガ》无心《ムシン》ニシテ至誠《セイ》《イタルマコト》ノ義也上下陽ニメ實トシ中陰ニシテ虚《キヨ》ナルハ中孚ノ象中虚ナル時ハ无我无心也故ニ能物ヲ容ル、我心内《ダイ》ニ主トナレバ満テ物ヲ不受《ウケ》故我《ガ》意ナク我意強慢ナルトキハ諫《イサメ》ヲ不容百事悔凶患《クワイキヤウクワン》ヲ招《マネ》ク又中孚ハ如明《メイ》鏡《キヤウ》中空虚《クウキヨ》ニシテ能萬象《バンシヤウ》ヲ寫《ウツ》スト云而モ殘《ノコ》リ止ルヿナシ是中虚ニシテ无我无心ノ故也我説《ヨロコ》ビテ彼随《シタガ》ヒ彼入テ内説《ヨロコブ》ノ

義ナレハ己ノ孚信《マコト》ヲ以スレバ人又孚信ヲ以應《ヲウ》ズ其孚信ヲ盡ス
處貞正邪義《テイセイジヤギ》ヲ詳《ツマヒラカ》ニセザレバ吉凶大ニ異ナリ此卦ハ忠貞孝
心ノヿ或ハ人ノ為《タメ》ニシテ己ノ利欲ニセサルヿハ百事吉兆通達
スルノ意有又ハ不正不義ナルヿニ此ヲ得バ必ス離散患難《リサンクワンナン》ヲ主《ツカサド》
ルト可知ツヽメバ又ニツト思事ノ不絶《タエ》ノ意住居《スマイ》ニ不定ト有カ親
ト人ノ為　散財《サンザイ》憂苦《イウク》有ベシ他人ヲ相手取カ又無餘義《ヨギ》世話ヿ
掛《カヽ》ル意人ニ隠《カク》シテ究ヤ角《カク》ト思フノ意不義ナルヿニ氣ノ進《スヽ》ム意
有レバ色情ヲ可愼何事モ我意ヲ不出老人貴トノ人ニ順《シタガフ》ニ

宜シ物ニ根《コン》基《キ》強《ツヨ》キトキハ發《ハツ》達《タツ》榮《エイ》昌《シヤウ》可レ有

初渙　心中定リガタク心急ノヿアラン安靜ニ宜シ

二益　貞明ナレハ次第ニ幸慶ヲ主トリ

三畜　性急短慮ナルトキハ住居ニ驚動アラン

四履　家内ニアヤブムヿ有心勞多シ信心スベシ

五損　止退シテ時ヲ待ニ宜シ後必ス家幸アリ

六節　不信心ナル人ハ家業ニ邪魔入有損多シ

天時　日和ナルベシ雨ヲ含ムバシ變爻ニ依テ雨アリ

願望　叶フヘシ中途ニテサワリアラン

待人　來ルベシ婦人ナド早シ悦ヿカ幸ノヿ有

婚姻　長久ナルベシ

生産　安産ナルベシ辰巳酉ノ日ナラン

得物　半得ナルベシ能々見ナレハ皆得

疾病　内損ノ意アリ早ク療治スベシ

醫師　外治ヲ兼タル醫ニテ未申方ニ求ムベシ

失物　外ヘ不出急ニ知ル　カクシ辰巳酉ノ方

變宅　手違ノトキヤウニ念入ベシ

訴訟　和談ナレハ後々ニハ利トナルベシ

走者　遠方ヘ不行尋スベシ知ル

旅行　連有ハ別シテ宜シ

仕官　目上ノ助有テヨロシ貞正ナレバ出世有ベシ

抱人　貞正堅固ノ人ナルベシ後々為ニナル

賣買　利アルベシ性急ナレバ損ス篤常ニ取計宜　高下　上九様子ニテ急ニ上ルヿナシ五爻ノ變ハ下ル　夢　吉夢ナリ信心深ニ人ハ貴人ノ引立ニ逢

䷽　雷山小過

小過《シヤウクワ》者過也二陽四陰ニシテ小ナルモノ過《スグ》ル陽ハ大《ダイ》也陰ハ小也故ニ小過ト云我《ワレ》止《トヾマ》ツテ彼《カレ》動《ウゴ》キ下《シモ》止《トヾマ》ツテ上動《ウゴ》キ内外相背《ソムキ》テ憂離《ユウリ》散財《サンザイ》ヲ主《ツカサド》ルト可知此卦ハ百事進ムニ不利退《シリゾ》キ止ルニ宜シ性急《セイキウ》短慮《タンリヨ》ナレバ事必破《ヤブ》レ心外无念《ムネン》ナルヿ可有物事始ハ様子《サウス》宜ク其半ニ至テ間違《マチガヒ》有リ又横合ヨリ思ヒ掛《カケ》ナク邪魔《ジヤマ》ノ入ルヿ有ン可防《フセグ》住家《スミカ》ニ心落付《オチツキ》難《ガタ》キ意小吏ハ大低《タイテイ》吉ナレ𪜈大

叓ハ不成勞ニテ無功丁多シ叓ヲ作見手ヲ空クスル意俄ニ親キ人ノ心戀シ怒《イカル》ノ理《リ》又進退《シンタイ》共ニ疑惑《ギワク》メ埒《ラチ》ノ不明ノ意无益《ムヤク》ノ丁ニ手足ヲ運ノ意有物叓舊《フルキ》ヲ守静《シヅカ》ナルニ宜シ動《ウゴケ》ハ益《マス》々損失《ソンシツ》アランニ

初豐　盛ニスギテ思案ノ落付ガタキ丁多シ
二恆　家内目下者ニ悦アルベシ又舊常ヲ守ニ宜
三豫　婦人ノ丁ニ付テ内證ニ物ハアラン又書物念ムベシ

四謙　心身堅固ナレハ叅宜シ主人目上ノ引立ニ逢フ
五咸　婚姻養子ナドノ世話丁アルベシ何レ幸アリ
六旅　不圖病苦或ハ損失アラン信心スベシ

天時　雷雨アラン午申酉ノ日ハ日和ナルベシ
願望　叶ヒカタシ信心専一ナレハ少シク叶フベシ
待人　來リガタシ返テ不宜沙汰アルベシ

婚姻　世話人カ中途ニ間違アラン見合スベシ
生産　初産ハ少シ障アラン次ニテモ油断ナラス
得物　金銀ナトハ不得外ハ少シク得ヘシ

疾病　大病ナルベシ信心有リ灸治ナドスベシ
醫師　東南ニテ能々吟味シテ求ムベシ
失物　出ガタシ強ク尋ヌルハ公難損失ス

變宅　止退シテ宜シ我意ニ動ケハ損失多シ
訴訟　損多シテ長引利ナシ和平ナルニ宜シ
走者　急ニ知レカタシ東北ノ方ナルベシ

旅行　見合ヘシ途中ニテ病難アラン
仕官　見合ヘシ為ニナラス後口舌起ル
抱人　性急ナル人ナラン大テイハ見合スベシ

賣買　利ナシ舊ヲ守ルニヨロシ
高下　秋ハ少シ上ルヿアラン余ハ下ルヿ多シ
夢　旅ニ出ルヿアラン必見合スベシ書物ヲ用心スベシ

䷾ 水火既濟

既濟《キセイ》者合《アフ》也事《コト》既《スデ》ニ成也陰陽位正シテ剛柔《ガウジウ》相合渡《ワタ》リニ往《ユキ》テ舟《フ子》ヲ得求ル處《トコロ》必従《シタガ》ヒ欲《ホツ》スル處必ス遂《トグ》火下ニ水有是水火相交《マジハリ》テ各其用ヲ相通《ツウ》ズ故ニ事既《ヘテ》ニ成也然レ圧良既ニ成時ハ人散《サン》亂《ラン》スルヿ速《スミヤカ》ナリ火上ニ水アレバ其害《ガイ》ヲ防《フセ》ギ戒《イマシム》ル

ノ象《カタチ》也君子ハ既《キ》濟《セイ》ノ時後來《コウライ》ノ患災《クワンサイ》《ウレハサワイ》ヲ思ヒ貞固《テイコ》《タシクカタク》ニシテ豫《アラカジ》メ其防《フセギ》ヲナス常人ハ安キニ馴《ナ》レテ色欲《シキヨク》ニ溺《オボ》レ我意《ガイ》ヲ先《サキ》トスルカ故ニ百事始ハ吉ナレ𪜈油斷《ユダン》ヨリノ終《ツイ》ニ凶患《キヤウクワン》離散《リサン》ヲ招《マネ》クト可知此卦ハ物事宜キ樣ナレ𪜈末《スヘ》ヲ不保《タモタ》半途《ト》ニシテ必仕《シ》損《ソン》ジ後悔《コウクワイ》スルヿ有又是迠《マデ》相續《アヒツヾキ》タルヿノ俄《ニハカ》ニ變動《ヘンドウ》メ可如《イ》何《カシス》ト案ジ迷《マヨ》フノ意親《シタシ》キ人ト爭《アラソフ》カ或ハ妻子ノ中ニ思事有ノ意親キニ離《ハナ》レ疎《ウト》キニ寄添《ヨリソウ》フノ意又女難ヲ可防《フセグ》義理ニ引レテ隔《ヘダテ》ラルヽノ意有

初蹇　不信心ナレハ我心ヨリ究屈シテ萬事凶

二需　安靜ナルニ宜シ性急ナルヿ凶時節ヲ待ベシ

三屯　妄リニ變動スベカラズ不圖災難アラン

四革　目上ノ人ニ順ワテ憂ヲ改易テ宜シ

五明夷　一度苦シテ後ニ出世スルヿアラン

六家人　シタシキ人カ家内ニ幸慶アルベシ

天時　雨有ベシ冬ハ曇ルベシ午戌亥ノ日天氣ナリ

願望　急ニ叶ヒカタシ信心貞固ナレバ後叶ベシ

待人　來リガタシ婦人ハ不來トモ沙汰アリ

婚姻　首尾宜シキ様ニ言末ノマトハゲズ見合ベシ

生産　少シクサワリアレ𪜈出産アルベシ

得物　得ガタシ

疾病　病ミツシテ不發長引ベシ信心スベシ

醫師　東南ノ醫ヲ求ムヽシ老人ヨロシ

失物　急ニ出ガタシ

變宅　變シテ宜シナレ𪜈我意ニ任スハ凶

訴訟　小事ヨリ大事ナルヿアリ和順ニ宜シ

走者　人ニタマサルヽヿアリ出テ後悔アリ

旅行　大抵宜シツレトー トーハ見合ベシ

仕官　爭ヒヿ有テ終始𪜈ニ凶シ

抱人　色情ノヿヤミ有カゾヽ失アラン慎ベシ

賣買　不宜舊産ヲ守テ後少シク利アリ

高下　次第々々ニ下ル秋ノ未ヨリ少シ上ル

夢　不圖爭ヿヲ用心スベシ

䷿ 火水未濟

評《ハウ》曰《ヒ》未濟《セイ》者失《ウシナフ》也上離《リ》火ニシテ下坎《カン》水也水上ニ火有テ水火不相交《マジハラ》シテ未ダ其用ヲ不相成剛柔《ガウジウ》位ヲ失フ然ﾄﾓ九二六五ノ爻《カウ》相應《ヲウ》ジテ九二ノ臣《シン》能《ヨク》世事ヲ治《ヲサ》ム故ニ始《ハジメ》ハ事不成ト雖モ後百叓通達《ツウダツ》ス物ノ始ヲナスノ義アレﾄﾓ未ダ其形《カタチ》ヲ不成患難《クワンナン》ノ中ニ喜《ヨロコビ》ヲ開キ暗《アン》中ヨリ明《メイ》ヲ望《ノゾ》ミ凶散《キヤウサン》ジテ向《ムカフ》言叓ノ時トスレﾄﾓ未成舊《フルキ》ヲ守テ勿《ナカレ》變《ヘン》動《ドウ》後自然《シゼン》ト其宜ヲ得《ウ》ル也此卦ハ物叓始ヲ慎《ツヽシ》ミ不輕進《カロヽヽクスヽマザル》ニ宜シ性《セイ》急《キウ》短《タン》慮《リヨ》ナレ

バ支半途《ジト》ニ不レ至シテ離散棄廢《リサンキハイ》《ハナレチリステスタル》ヲ主ルト可レ知通《ツウ》ジテ止《トドマ》リ止テ又通《ツウズ》ルノ意アレバ急速《キウソク》ノ丁ハ成ガ如クニシテ不レ成永《エイ》久ノ丁ハ久シテ後必ズ可二通達《ツウダツス》一心中ニ思フ丁有レトモ前後ヲ口合セ人ニ言兼《イヒカヌ》ルノ意無二餘義《ヨギ》一人ト親ヲ結《ムス》ブノ意婚姻養《コンインヤウ》子《シ》或ハ仕官《シクワン》ノ望ミ有《アル》人貞正ナレバ貴上《キシヤウ》ノ助《タスケ》ヲ得テ身ノ上ニ幸悦《カウエツ》可レ有不圖《フト》シタル丁ヨリ心ノ迷《マヨ》フ意色情《シキジヤウ》ヲ可レ愼此卦ハ物ノ相續弃廢《ソウゾクキハイ》《アヒツヅキステスタル》ヲ兼《カヌ》ルノ卦ナレバ直正邪僞《チヨクセイジヤギ》《ヨコシマイツハリ》ニ依《ヨリ》吉凶異ナリ占者其理義《リギ》ヲ詳《ツマビラ》カニ可二活斷《クワツダンス》ト一既濟《セイ》ハ支ノ散亂《サンラン》

ヲ主ル故ニ急《キウ》進ヲ戒《イマシ》メ𠅘ノ止退《タイ》ナルヲ吉トス此卦ハ𠅘ノ始《シ》終《シウ》ヲ含《フクム》テ其始《ハジメ》ヲナス然レ𪜈其始ヲ成ス𠅘美《ビ》悪《アク》邪《ジヤ》正《セイ》ニ馴レテ吉モ不吉凶モ不凶故ニ君子ハ唯《タヾ》己《ヲノレ》ヲ愼《ツヽシム》ニアリ

初　暌	不斗女難アラン愼テ心労多シ信心スベシ
二　晉	貞正ニシテ進ンデ宜シ我意ニ進ムハ後悔有
三　鼎	信心深キ人ハ家内ニ幸悦アリ書物ニ用心スベシ
四　蒙	貴人目上ノ人ニ順フテ宜シ我意ヲ出テ損
五　訟	親キ人ト不斗口舌争ヒヨリ起ル意アリ
六　解	舊常ヲ守テ宜シ又油断シテ損災アリ
天時	曇ルカ雨アラン秋冬ハ風アラン
願望	今少シテ叶ガタシ情魔強シテ叶フ
待人	来ルトヲソシ午丑寅ノ日ヲ待ベシ
婚姻	日間トルベシ始終サハリ多シ見合ベシ
生産	安産ナルベシ妊娠ノ内障リ少シアルベシ
得物	急ニ得ガタシ始終ハ少シ得ベシ
疾病	逆上多シ長引𪜈ツイニ治スベシ
醫師	北ノ方ニテ老醫ヲ求ムベシ
失物	出ガタシ深ク尋ル𪜈ハ行方知レテモ物ハ不出

變宅　サシタルヿニ非ズ見合スベシ後々匹忌勢多シ
訴訟　甚ダアヤブムヿ有急ニ利ナシ和談ニ宜
走者　必ズ連アルヘシ南ニ行ヘシ後ニ北ニ向ヒ
旅行　凶ニ連アルトモ大抵見合スベシ
仕官　急ニ宜キヿナシ貴上ノ助ヲウベシ
抱人　苦シカラズナレドモ夏ハ凶
賣買　賣ニ利ナシ買ニ少シ利アリ
高下　次第ニ上ル冬ハ下ルヿ多シ
夢　婦人ニ付テ口舌アラン又病難ノ

易學通解下卷終

寛政八年丙辰季秋發行
嘉永四年辛亥冬十月再板

發兌書肆

東京府平民
吉川半七
京橋區南傳馬町一丁目十二番地

大阪　松村九兵衛
西京　佐々木惣四郎
東京　北畠茂兵衛
同　稲田佐兵衛
同　山中市兵衛
同　荒川藤兵衛
同　東生龜次郎
同　石川治兵衛
同　北澤伊八
同　若林喜兵衛